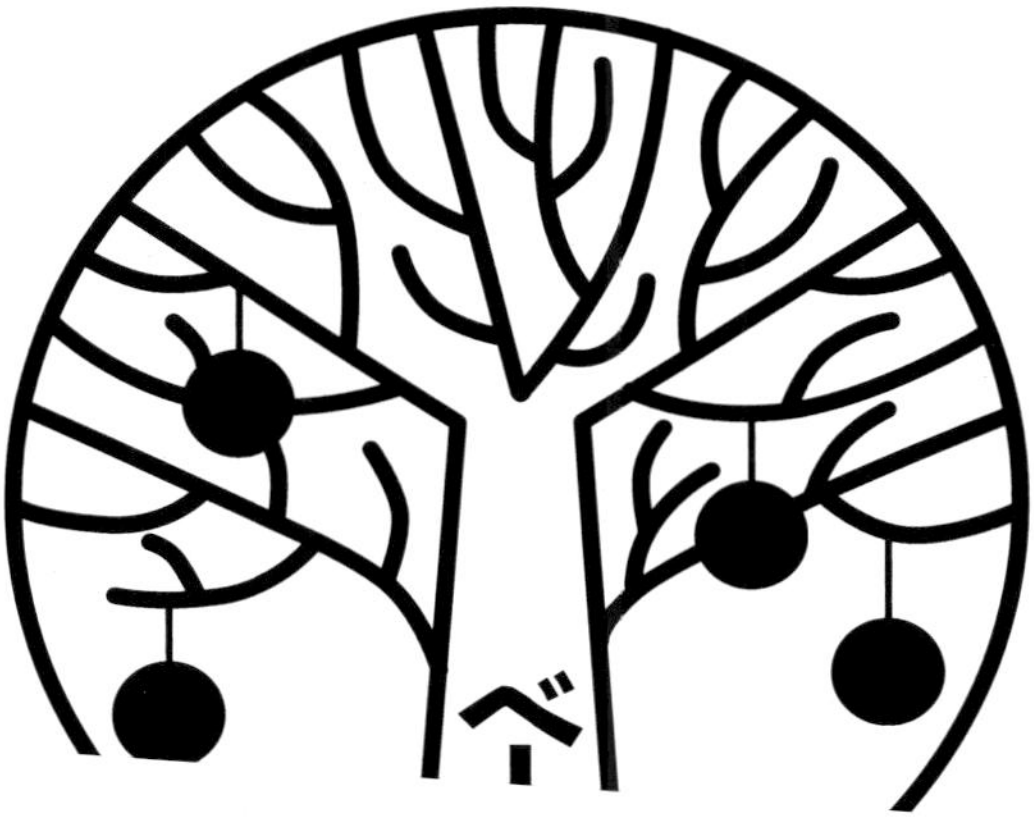

正誤表

『ベーシックインカムを問いなおす』第１刷（2019年10月発行）において、誤りがございました。謹んでお詫び申し上げますとともに、以下のとおり訂正いたします。

法律文化社

該当箇所	正	誤
（目次） viii頁 9-10行目	3　ベーシックインカム〜　112 4　さらなる問題点　115	4　ベーシックインカム〜　112 5　さらなる問題点　115
169頁後ろから２行目	…資本―賃労働関係…	…資本・労働関係…
170頁１行目	…「社会構造上の問題」…	…「社会構造の問題」…

孝典　竹信三恵子

周子　小澤裕香

生　孔栄鍾

問いなおす

と可能性

志賀信夫　編著

法律文化社

序

1　本書の目的

ベーシックインカム（以下、ＢＩ）とは、簡潔にいえば、すべての個人に無条件で一定額を継続して給付するという政策である。ＢＩの給付については、最低生活に必要な額が想定されている場合もあれば、そうでない場合もあり、論者によって様々である。最低生活に必要な額を給付するＢＩを完全ＢＩというが、本書で特にことわりなくＢＩというときには、この完全ＢＩを想定して議論をしている。

貧困・格差問題が深刻化する日本社会において、すべての個人に無条件で一定額の現金給付を行うという政策は、大変魅力的にみえることがある。また、既存の社会保障政策に基づく現金給付における、わかりにくい要件の確認や煩雑な手続きのための骨折りを大幅に削減できるというメリットもあって、ＢＩに対する人々の支持は一定程度期待できる。これらの点については、本書で再度論じなくても、すでに多くの先行文献等で論じられてきたことである。例えば、ＢＩに関する紹介（そのメリットと課題点）は、小沢修司『福祉社会と社会保障改革―ベーシック・インカム構想の新地平』（2002）や山森亮『ベーシック・インカム入門』（2009）でおおむねなされているし、ＢＩをめぐるいくつかの視点からの賛否とその根拠については、萱野稔人編『ベーシックインカムは究極の社会保障か』（2012）でほとんど尽くされている。

本書の重心はそれらを再度論じるところにはない。

本書は、ＢＩ実施に対し批判的検討を行い、現時点で優先すべき政策アイデアをできるだけわかりやすく説明しようということに、その重心がある。

2　本書を読むうえでの前提と注意点

一点、注意しておきたいことがある。それは、人々の生活に関係する制度・政策をめぐる議論は、その議論の参加者がいかに「客観的」であろうとしても、「中立的」であることはできないということだ。客観的であることが中立的であることを担保するわけではないのである。

ＢＩは、他の福祉に関わる現金給付制度の一元化、現物給付サービス（医療、介護、教育、保育などのサービス）の市場化、最低賃金の撤廃などの推進とセットで主張されることがある。その主張は、一部の人々にとって有利なものである一方、すでに厳しい生活を余儀なくされている人々や、労働者全般にとって不利なものであることが多い。

資本主義社会において圧倒的に有利な立場に立つ人々のなかには、医療、介護、教育、保育等のあり方について、低負担、あるいは無償化し、そこにかかる費用を社会全体で負担するよりは、必要になったときにのみ利用し、その分だけ費用を個人負担すればいいと考える者もいる。そこまでいかなくても、自己負担の割合の増加傾向を支持する者も少なくない。それはつまり、医療、介護、教育、保育等の無償化ではなく、市場化を支持しているということである。だが、これはより有利な立場に立つような人々にとってはよくても、圧倒的大部分の労働者にとっては、生活における自由がさらに制約されることを意味している。このことは、自由の平等をより多くの人々のあいだで達成しようとしてきた、現在に至るまでの歴史の方向性とは逆行するものとなっている。つまり、社会正義の実現に反している。

やや極端な想定だが、ＢＩを実施する代わりに、医療サービスの利用が全額自己負担になったとする（多くの人々の自由が縮小した、と理解できる状態）。生活に余裕がある人々は、そもそも医療サービスを利用しなくてもすむように、日常的に健康管理をするだろう。もちろん、健康管理にもそれなりの費用がかかるが、医療サービスを利用するよりは安価ですむ可能性は高い。一方で、生活にそれほどの余裕がない人々は、既存の生活様式を大幅に変えていく余裕がないかもしれない。あるいは、ストレスフルな生活のなかで、健康を害するおそれのある選択が、（その本人にとっては）精神的な安定を手に入れるための合理的な選択となっているかもしれない（それは、健康を害さなくても精神的安定を入手できるような選択肢の欠如を余儀なくされている状態であるともいえる）。

近年の日本のような、貯蓄する余裕がない人が増加している貧困化社会における、ＢＩ実施によるネガティブなシナリオは、上記のようなさらなる格差の助長である。さらに格差が拡大すれば、貧困の固定化はますます強固なものとなるだろう。

ここで強調したいのは、いますぐ、あるいは近々、医療サービスを利用する予定がない人であっても、いつかはこれを利用するかもしれないから、みんなで負担を分かち合っていくべきだということではない。それだけでなく、すべての人々が安心して生活できるかどうか、というところが重要なのである。いますぐに医療サービスを利用する予定がないとしても、いつでもそれを利用できるということが生み出す生活上の安心感は、誰もが容易に想像できる。いうまでもないが、生活上の安心は、すべての人々のより豊かな幸福追求にとって必要不可欠な前提である。

この「序」の具体例によって示されているのは、決してＢＩが中立的な政策ではないということである。資本主義社会である限り、人々のあいだの利害関係をめぐる葛藤（階級間の対立）は継続するだろうし、その葛藤のなかでＢＩが実施されるとすれば、有利な立場にある人々による、より不利な立場の人々に対する統治の道具として機能する可能性はきわめて高い。

もちろんＢＩに限らず、すべての政策は中立的ではない。だが、中立的でない政策であったとしても、すべての人々の幸福に貢献できる政策は存在する。現時点でのＢＩ実施は、すべての人々の幸福に貢献できる政策にはなりえないというのが、本書の終始一貫した主張の1つである。

3　本書の構成

さて、目次をみていただければわかるが、本書は三部構成になっている。

第Ⅰ部は、反貧困運動、労働運動、ジェンダーの視点からBIを検討している。またこれらに加えて、そもそもBIが財政の視点からみてどのように理解できるのかということもここでは検討されている。第Ⅰ部は、BIを考えるための、現実に即した視点を提供するものとなっている。

第Ⅱ部では、世界のいくつかの国におけるBIをめぐる議論、社会実験、実際に導入された制度について、当該社会の労働市場や貧困・格差問題の現状とともに説明している。BIはそれを主張する者が依拠するイデオロギーによって果たす機能が異なってくるが、これと同様に、BIはそれが実施される社会的文脈によっても果たされる機能が異なってくる。

これは当然のことで、労働者階級の連帯が強く、その連帯に基づく社会規範がBIに反映されれば、BIは労働者階級にとって有利な政策になるだろう。第Ⅱ部は、労働者階級にとって、より望ましい政策としてBIを支持すべきか否かに関するヒントを提供する部となっている。

第Ⅲ部では、政策理論からみたBI、貧困理論からみたBI、経済理論からみたBI、というように、抽象度の高い議論を展開しており、BIをめぐる理解の整理を本書なりに行っている。本書は、数回の研究会を開催したうえで執筆されたが、ほぼすべての執筆者が、BIについて現時点における日本での実施は困難であろうという理解に達し、そうした共通理解は第Ⅰ部から第Ⅲ部までの記述に貫かれている。第Ⅲ部は、そのなかでもこうした共通理解を理論的に整理し、説明するものとなっている。

なお、本書はＢＩを否定しさろうとするものではないことは断わっておきたい。最も不利な立場を余儀なくされている者に対する不利性を除去し、貧困・格差問題緩和の可能性をＢＩがもっていることは正当に評価されるべきである。だが、少なくともいま現在の日本社会においては、仮にＢＩという政策が実現したとしても、期待しているような可能性が花開くことはないだろう。

したがって本書は、安易なＢＩ肯定論に対する批判書であるという理解をしていただいても差し支えない。ＢＩでないなら、どのような政策的対応が貧困・格差問題の撲滅に貢献するのか、という疑問もあるだろう。この疑問に対する回答についても、本書の執筆者のあいだでおおむね一致した見解が存在する。それは本書において、「ベーシックサービス（ＢＳ）」「普遍主義的政策」のアイデアとして表現されている。このおおむね一致した見解をめぐって、いくつかの視点から議論を試みている点も、本書の面白さの1つだと自負している。

本書を参考にして、あるいは本書に対する批判を通して、この社会のすべての構成員の幸福追求に貢献するような取り組みの議論が活発化すれば幸いである。

志賀信夫

ベーシックインカムを問いなおす――目　次

序

第Ⅰ部　日本の現状とベーシックインカム

第1章　労働の視点からみたベーシックインカム論……今野晴貴　3

■なぜ「BI＋AI論」が危険なのか

1　「日本社会にとってのベーシックインカム政策」を考える2つの前提　4
2　日本の労働問題からベーシックインカムを考える　9
3　「BI＋AI論」の帰結　16

第2章　貧困問題とベーシックインカム……藤田孝典　25

1　NPO法人ほっとプラスに寄せられる生活困窮者の実態とベーシックインカム　25
2　生活保護制度からベーシックインカムを考える　34
3　制度主義に陥らず社会運動での改善に終始せよ　37

第3章　ベーシックインカムはジェンダー平等の切り札か……竹信三恵子　40

■「癒しの道具」にさせないために

1 ベーシックインカムはなぜ女性たちの期待を集めるのか 41
2 ベーシックインカムがジェンダー平等を損なうシナリオ 48
3 「日本的土壌」でのベーシックインカムの危うさ 51
4 ジェンダー平等を促すベーシックインカムのために 55

第4章 財政とベーシックインカム……井手英策 60
1 ベーシックインカムの哲学的基礎を問い返す 60
2 なぜ「ベーシックサービス」ではいけないのか 65
3 ベーシックインカムと財源問題 69

第Ⅱ部 世界のベーシックインカム

第5章 ドイツにおけるベーシックインカム……森 周子 77
1 ドイツの労働市場の現状と社会保障制度 77
2 代表的な3つのベーシックインカム提案の内容 82
3 ベーシックインカムへの批判 85
4 政労使の見解 86
5 ベーシックインカムへの具体的な取り組み 87

第6章　フランスにおけるベーシックインカム……小澤裕香　90
1　大統領選挙にみるベーシックインカム議論　90
2　ベーシックインカム議論の背景　93
3　ベーシックインカム議論の潮流と具体案　97
4　ベーシックインカムに対する批判　101

第7章　スイスにおけるベーシックインカム……小谷英生　105
1　国民投票に至るまでのベーシックインカム導入推進派の戦略　106
2　ベーシックインカム推進派の主張――ヘニとコーヴスを例に　109
4　ベーシックインカム支給額と財政問題　112
5　さらなる問題点　115

第8章　韓国におけるベーシックインカム……孔　栄鍾　120
1　ベーシックインカム議論の登場と展開　120
2　ベーシックインカム議論の背景――韓国の労働市場と社会保障制度の現状　123
3　韓国におけるベーシックインカムの実験と評価　127
4　ベーシックインカムの提案と評価とその代案　129

第Ⅲ部　ベーシックインカム論再考

第9章　ベーシックインカムと制度・政策……森　周子　137

1　社会政策の制度枠組みとベーシックインカム　137
2　ベーシックインカム導入に伴って実施されうる政策とは　146
3　ベーシックインカムの実現可能性　150

第10章　ベーシックインカムと自由……志賀信夫　153

■貧困問題との関連から考える

1　「新しい貧困」という社会問題　153
2　ベーシックインカムと平等――何の平等に注目すべきか　156
3　自由の格差と不平等、貧困　158
4　自由と権利を求める主体とベーシックインカム　164
5　補足として――差別と自由　170

第11章　ベーシックインカムと資本主義システム……佐々木隆治　174

1　市場と貨幣の権力性　175
2　ベーシックインカムと資本主義社会　179
3　ベーシックインカムの可能性　186

あとがき
引用・参考文献

第Ⅰ部

日本の現状とベーシックインカム

第1章

労働の視点からみたベーシックインカム論

■なぜ「BI＋AI論」が危険なのか

【今野晴貴】

はじめに

近年急速に広がるベーシックインカム（以下、ＢＩ）を希求する諸言説は、多くの点で日本の労使関係やこれに付随する社会政策の構造、そして労働問題の現況を度外視している。言い換えれば、「日本社会の現実」の重要な部分を踏まえない議論である。とりわけ、ＢＩ政策が労働問題を解決するという「期待」は、場合によっては的外れなばかりでなく、非常に危険なものであるとさえいわざるをえない。

とはいえ、もちろん、ＢＩ政策一般が原理的に労働に負の影響を及ぼすものだということではない。むしろ、文脈によっては、多くの論者が指摘するように、非常に革新的な政策となりうる。この点については筆者も同意するところである。

そこで本稿では、日本におけるＢＩ論の危険性について「労働」の視点から検討することを通じ、真に有効なＢＩ政策のあり方について提示していきたい。

1 「日本社会にとってのベーシックインカム政策」を考える2つの前提

BIの政策的優位性は、原理的には「労働と所得を切り離す」ところに本質があるとされる。たしかに、労働を条件としない所得の保障は、社会保障給付における審査手続きを簡潔にすることで無駄な経費を削減し、また、給付を受ける人々に対するスティグマを発生させることもない。

しかし、「実際の政策」としてのBIは、すべての生活を「保障」するわけではなく、一定金額の現金給付にすぎない。そのため労働と所得の分離は限定的にならざるをえない（第11章参照）。すべての生活ニーズを満たすだけの高額のBIを給付することは、それ自体不可能な「政策」である（第4章参照）うえに、疾病や介護などに関連し、通常の生活ニーズとは異なる個々人のニーズが存在するからである。

一定額の現金が給付されたからといって、疾病や住居などの個々人の生活ニーズ（これらの価格は今日でも高騰し続けている）が満たされるわけではなく、これらを確保するためにはやはり労働が必要とされることになる。むしろ、BIが疾病などの具体的な生活ニーズを保障する社会的サービスの現物給付に代替される場合には、かえって「労働」への依存を増大させる危険さえはらんでいるのだ。

では、このようなBI政策が日本社会に与える影響とはどのようなものだろうか。この議論の前提として指摘しておかなければならないことは、冒頭で述べたように、日本社会が労使関係および社会政策において欧州とは著しく異なっているために、BIの位置づけもそれに応じて検討しなければならないという点である。BIを考えるうえで避けて通ることができない日本社会の特性とは、第1に社会政策が年功賃金に依存していることであり、第2に労使関係において労働基準が明確化されていないことである。具体的には、社会政策の脆弱さが労働への依存を強め、なお

表1－1　年齢階層および雇用形態ごとにみた有配偶者率（％）

	15～19歳	20～24歳	25～29歳	30～34歳	35～39歳	40～44歳
正　規	1.4	8.6	31.7	57.8	68.6	73.9
非正規	1.5	4.5	13.0	23.3	28.1	34.1

出典：労働政策研究・研修機構（2014）「若年者の就業状況・キャリア・職業能力開発の現状②—平成24年版『就業基本調査』より」をもとに筆者作成。

かつその決定基準が曖昧であるために労働条件が簡単に底割れするということである。

年功賃金に依存する社会政策

第1の点から述べていこう。日本社会は先進国のなかでもとりわけ労働による収入への依存度が高く、いわゆるワークフェア政策が一貫して採られてきた。労働によって生計を自立するべきであるということは、社会の規範のレベルにおいて深く浸透している。そのため、日本では「労働と所得」だけではなく、「労働と福祉」もきわめて密接に結びついてきた。戦後日本社会では現物給付による社会保障政策が脆弱であり、年齢とともに上昇する年功賃金によって（ときにはローンも含みつつ）、生活ニーズを充足するものとされてきた。住居、年金、育児・教育など多くの社会的ニーズに関する制度は、年功賃金を前提として設計されていたり、企業福祉に依存している。それゆえ、年功賃金や企業福祉が適用されない非正規雇用労働者は低賃金であるだけではなく、生活の基本的なニーズをも満たすことができない「ワーキングプア」の状態におかれる。非正規雇用が急激に増大し、主婦パートから「家計自立型非正規雇用」にまで拡大した2000年代には、ワーキングプアの広がりが日本の社会統合を危機に陥れることとなった（後藤 2011）。

実際に今日でも非正規雇用労働者は正規雇用に比べて結婚することができないなど、再生産困難な状況におかれている。就業構造基本調査によれば、在学者を除く男性では、正規と非正規の有配偶者率は25～29歳の時点で2倍以上に開き、格差は拡大し続ける[1]（表1－1）。結婚相談所では、男性の非正規雇用を初めから対象外としている場合もある。労働（年功賃金）に福祉が強く依存するために、非正規雇用は世帯形成がより困難になり、社会的にも差別される。こうして非正規雇用の拡大は日本の社会的再生産さえも脅かしている。

ところがBIは、生活ニーズの保障の脆弱さを緩和するものではないために、非正規雇用の生活ニーズの充足不足や年功賃金に基づく日本のワークフェアを克服するものではない。つまり、BIが給付されたとしても、子育てや介護、住居などの必要なニーズが満たされるわけではないために、やはり、非正規雇用労働者の生活は相変わらず不安定なままであり、年功賃金が必要とされてしまうのである。それどころか、すでに述べたように、現物給付政策を後退させて実現されるBIは、ワークフェア（年功賃金依存）をかえって強め、非正規雇用の貧困や差別を助長してしまうだろう。そもそも、年功賃金を得ていた労働者たちでさえ、「老後の資金」として多額の預金をすることが日本では当たり前に行われてきた。それは、疾病や介護などの費用を「労働＝（年功）賃金＝貯蓄」から支払わなければならないからであり、現物給付政策が整わない限り、そのような不安定性は生涯つきまとう。このように、日本社会では年功賃金に依存した社会政策を前提にBIの有効性を考えることが必要なのである。

不明確な労働基準

次に、「労働と所得の結びつき方」においても、日本社会は欧州と同じではない。この点が、BIを論じる第2の前提となる。すでに述べた「労使関係において労働基準が明確化されていない」ということである。

日本社会では、賃金についての客観的な基準が存在しない。欧州においては現に就いている「仕事」を基準とした職務給が定着し、男女等個々人の属性に左右されずに基本となる賃金が決定される。また、職務給は企業を超えた産業別労働協約によって下支えされるため、企業を超えた賃金の基準が存在する。(2) 企業を横断した職務給は「同一労働同一賃金」の原則として社会に根づいている。

一方、日本社会においては、賃金は企業ごとに、個人の属性・能力に応じて決定される。そのため、かつてから、同じ仕事に従事していても企業規模によって大きな格差が存在し、企業内部においても、男性と女性では賃金差別が当たり前に行われてきた。企業横断的な賃金基準は存在せず、唯一の規制である最低賃金は「主婦パート」の水準におかれてきたために、生活の自立を前提にしない低水準にある。また、学歴や「潜在能力」などが加味される点で、日本の「能力主義」は企業が個人を恣意的に査定する性質を有している。(3) 近年はそれが「雇用形態」による差別へと洗練されているが、個人の属性を企業が恣意的に判断して賃金を決定できるという点で、その本質は同じである。さらに、日本社会では求められる労働の質・量においても基準が不在であり、先進国で先駆けて「過労死」が社会問題となった。今日でもブラック企業問題が社会問題となっている。

これに対し、BIが実現すれば、生活に必要な現金が手に入るため（実際には第4章で井手が指摘するように、生活ニーズを満たす水準に達することはありえないのだが）、非正規雇用労働のような劣悪な労働に従事する人は減少する、という意見がある。あるいは、ブラック企業で働かなくてもよくなるのだ、という主張もある。これらの意見によれば、BIは労働問題を解決する究極の処方箋なのであり、もはや労使紛争を通じた賃金上昇や正社員化は不要であるか、少なくとも国会請願・選挙運動よりも重要性は低い。つまり、実質的に「BI政策は労働運動を代替する」という観念が形成されているように見受けられる（この点は重要であるので後述する）。しかし、現実はむしろ真逆である。

まず、すでに述べたように、BIが給付されても生活上のニーズが満たされるものではないために、人々は労働から逃れることはできない。そして、日本型の生活が保障される労働基準が不在のもとでは、BIが給付されることに連動して、容易に労働条件そのものが切り替わっていくのである。この点は、これも後述するように、とりわけ近年のブラック企業問題をみれば明らかだ。例えば、BIで月に4万円が支給されたとしよう。月給20万円の労働者につき4万円の給付があったとしても、給与が16万円になってしまえば意味はない。単純すぎる図式化だと思われるかもしれないが、これと実質的に変わらない方法は、残業代などの諸手当や各種の法制度の適用を操作することで、周到に実施することが可能であるし、実際に広範に行われている。

このように、労働条件の規範が存在しない（あるとしてもきわめて不明瞭・不安定である）場合には、ＢＩよっても労働市場圧力が緩和する余地は乏しいと考えられる。それどころか、労働運動の課題である労使の労働条件決定の意義が相対化され、国家による給付政策があたかもこれを代替するかのような「期待」が蔓延すれば、労働者の抵抗が減ることで、ますます労働条件は使用者の意のままになっていく。その結果、ＢＩの効果はますます乏しいものとなる。すなわち、ＢＩは労使関係を代替するものではなく、むしろ労使運動によって労働条件に基準を確立することが、ＢＩが機能するための条件ということになる。

以上の日本の特性を欧州の福祉国家と比較した場合、次のようになろう。福祉国家においては、産業別労働協約が確立された世界（実際には移民など、この世界から排除された労働が存在する）の労働者に対しては、職務に基づき誰であろうと生活の基礎となる賃金が給付される。これに加え、多くの生活上のニーズは国家による現物給付によって保障される。日本においては、このどちらも個別企業による年功賃金や企業福祉に強く依存している。そのため、ＢＩよりも生活上のニーズの保障が重要であり、またそのニーズゆえに、ＢＩによっても労働から解放されることはない。さらに、労働協約によって労働条件の基準が確立していないために、ＢＩによって給付された分の労働条件の削減は容易である。

逆に、ＢＩは福祉国家のもとでは、現物給付によって生活の最低限のニーズが満たされたうえで、さらに個々人の多様なニーズを現金によって満たしたり、労働条件の基準が確立した労働市場への圧力をより緩和させるものとなりうるだろう。フランスの積極的連帯所得手当（ＲＳＡ）にみられるように、福祉国家における諸制度を前提とするならば、必ずしも就労を条件とせず、あるいは就労と代替されない福祉政策によって、社会参加を促す道もありえる。

以上のような日本社会の特性を踏まえたうえで、さらに、日本の労働問題の現状や、ＡＩ論議にみられる新しい状況のなかで、ＢＩをどのように捉えるべきであるのかを考えていこう。

2　日本の労働問題からベーシックインカムを考える

非正規雇用差別の拡大

すでに述べたように、日本においては、労働＝生活賃金の構図が確立していない。それが最も端的な形で表れているのが非正規雇用の低処遇状況である。労働力調査（２０１８年平均）によれば、役員を除く雇用者５５９６万人のうち、非正規の職員・従業員は84万人増加して２１２０万人である。これは労働者全体のおよそ38％にあたる。

賃金構造基本統計調査（2017）によれば、正社員の額面の年収は３２１・６万円であるのに対し、非正規の賃金は男女計平均で２１０・６万円である（ともにフルタイム）。女性の非正規雇用に限ると１８９・７万円とかなり下がる。月当たりに換算すると、男女計の平均が17・６万円である。しかも、年齢が上がっても、その数値は上がることはない（図１－１参照）。非正規雇用が時給単位で給与が支払われるのに対し、正社員は年功賃金が適用されるうえに、賞与や手当が支給されることで格差が拡大していく。

雇用形態による賃金格差がこれだけ大きくなることは日本の労働市場の重要な特徴である。労働政策研究・研修機構「データブック国際労働比較２０１６」によれば、正規の時給を１００としたときの非正規の時給の水準は、日本で56・６であるのに対し、イギリスが71・４、ドイツが79・３、フランスが89・１、アメリカが30・３である。日本に比べて欧州で正規・非正規間の格差が小さい理由は、すでに述べたように、雇用形態のいかんにかかわらず、賃金が仕事によって決定される「同一労働同一賃金」の原則が存在するからである。(4) 同一労働同一賃金は、１９５１年に

図１−１　年齢階層ごとの非正規雇用労働者の賃金（年収）

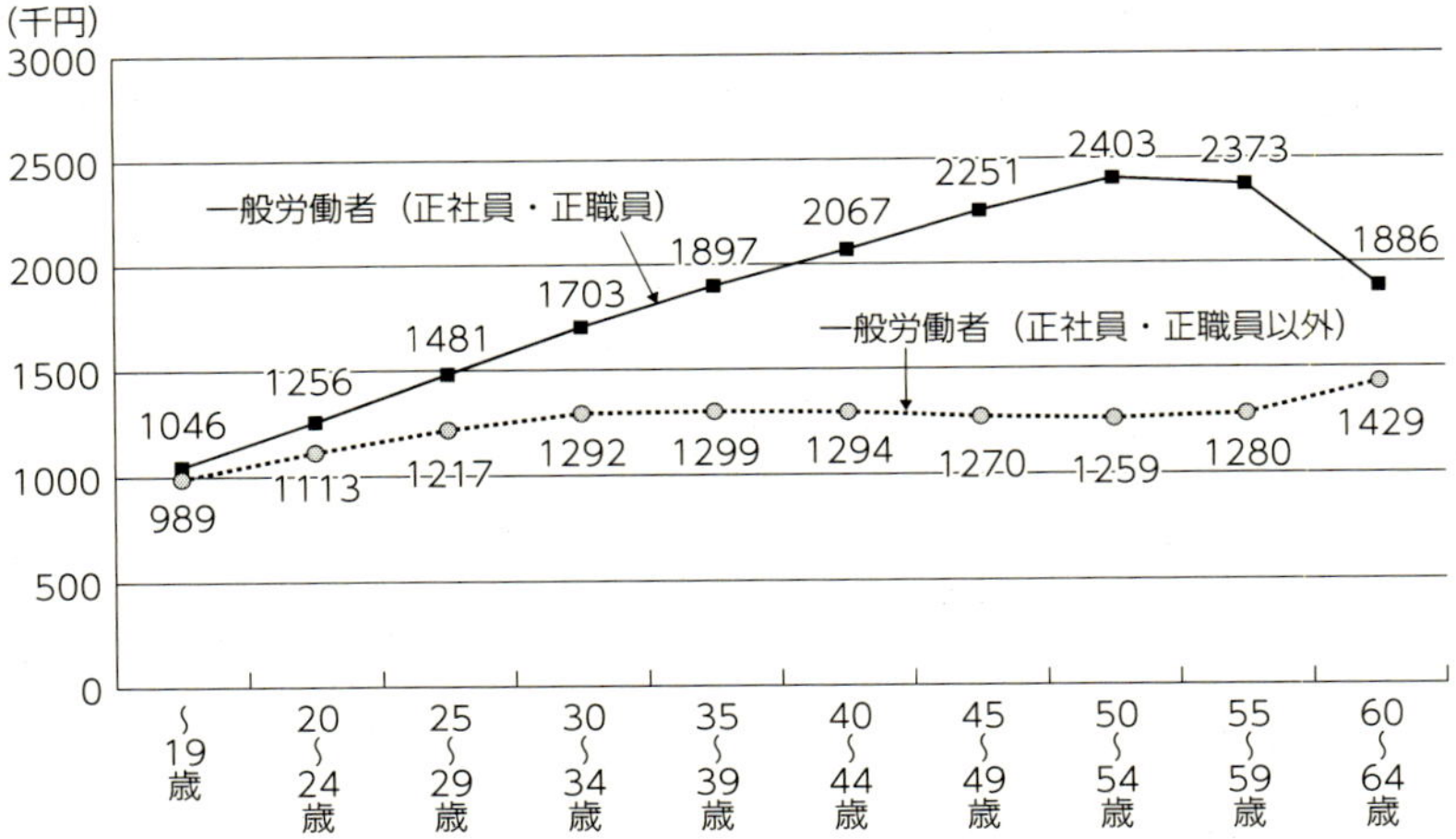

出典：「2017年賃金構造基本統計調査」をもとに筆者作成。

ＩＬＯ憲章の前文で掲げられており、先進諸国においては戦後のスタンダードな賃金決定法式だといえよう。

　では、欧州における同原則はどのように形成されたのか。同一労働同一賃金は労働組合によって築かれた原則であり、その歴史は１９１９年のＩＬＯ「国際労働憲章」より古く、その後男女平等の原則を追求することを通じて発展し、今日の雇用平等の原則へと受け継がれている。木下武男によれば、欧州における同一労働同一賃金原則は次のような３段階の発展を遂げている（木下 2016）。

　第１段階は、労働者間の競争規制のために、労働組合による「ユニオン・レイト」として確立した。労働組合は「１つの職業の賃金は、すべてどこでも同じ高さにたもつこと」を図ったのであり、労働者間競争の規制が労働組合の本質的機能であり、同一労働同一賃金はこの目的のために、企業横断的に、職業ごとに、労働組合によって設定された。

　第２段階として、ＩＬＯ「国際労働憲章」（1919）の男女同一労働同一賃金原則の背後には、女性の労働分野への進出を背景に同一労働同一賃金をめざす運動と議論の高まりがあった。第一次世界大戦による熟練職種への女性の進出を契機として、未熟練労働者の女性に対して労働組合は男女を超えた同一労働同一賃金を要求したのである。１９１８年にイギリス政府が設置した「女性労働問題委員会」においては、多数派報告が同一労働同一賃金を「質・量の点で同一の価値労働に対する同一賃金（Equal Pay for Equal Value in Quantity and Quality）」としたのに対し、ベアトリス・ウェッブは能率や生産性を排除した「同一職務同一賃金率」または「職務賃率」という労働組合側の主張を対置した。前者が能率や生産性を加味するのに対し、後者はこれを除外することで男女の実質的な差別を防止することができる。

第3段階では、雇用平等の「同一価値労働同一賃金」へと発展した。性別職務分離による男女賃金格差の温存に対し、「仕事の価値」をアメリカで開発された職務分析・職務評価の方法によって評価し、「異職種・同一価値」＝「同一賃金率」を実現した。この際、女性職務が低い評価にならないために、コミュニケーションスキルや感情労働の面のスキルなども考慮に入れ、性に中立的な評価基準に修正した。

このように、欧州における同一労働同一賃金原則は、労働組合による企業横断的な賃金規則として確立し、これを男女に拡大させ、さらには同一価値労働同一賃金によって、性別職務分離による男女格差をも是正している(5)。差別に対抗する賃金規範の確立を続けてきたのである。そして、共通基準を適用する労働運動の努力は今日でもなお続いている。例えばドイツにおいては、近年のEU域内の移民労働者の増大に対して労働協約の適用が追求され、さらには最低賃金制度が確立されている(6)。

これに対し日本の場合には、そもそも企業横断的な同一労働同一賃金の基準が確立しなかったうえに、女性労働者の大半を非正規雇用として採用することで、男性に適用された年功賃金を適用せず、最低賃金制度以外にはまったく無規制の時給賃金とすることで、完全な差別雇用を可能にしてきた。主要労働組合は非正規雇用の大半が「主婦パート」であることから、彼女らには年功賃金が適用される必要はなく、最低賃金の水準もきわめて低く、自立した生活が可能な水準となる必要はないと考えてきたのである。こうして日本は、仕事に基づかない「属人処遇」（この「属人」

には雇用形態という属性を含む）が当たり前の社会となった。そのため、同じ労働に従事していたとしても、雇用形態によって賃金差別をすることがきわめて容易である。それが、これほど大きな賃金格差が生じる理由である。つまり、日本における賃金基準の不在は「労働運動」による差別是正の取り組みが脆弱であることに起因しているのである。

今日では、非正規雇用は「主婦パート」から家計自立型非正規雇用にまで広がっている。正社員男性を支え、家計の補助のために非正規雇用に従事するのではなく、非正規雇用でありながら自ら家計を自立しなければならない労働者が増大している。「就業形態の多様化に関する総合実態調査」（厚生労働省 2014）によれば、契約社員や派遣労働者においては、「家計の補助、学費等を得たいから」を目的として就労している割合はそれぞれ10・9％、14・7％にすぎない。この数値はパート労働者の場合にも33・7％であり、すべての雇用形態で下がり続けている。「差別された賃金」はもはや「主婦」に限定されない一般的な賃金となっており、それが拡大し続けている。

正社員の労務管理の変化

労働基準の確立していない日本では、正社員の労働規範自体が曖昧なものであり、その賃金体系は急速に変容している。いわゆる「ブラック企業」に限らず、年功賃金を適用する企業は減少し、「ハードワーキングプア」ともいうべき労務管理が出現しているのである。これまでの正社員は「ハードワーク」ではあったものの、年功賃金が適用されていた。一方、非正規雇用は年功賃金が適用されず時給で働くために「ワーキングプア」となる。ところが近年では、「正社員」の労務管理ルールは個別企業に委ねられているために、多くの企業で年功賃金を適用せず、時給管理を行うケースが増えている。しかも、彼らはあくまでも「月給」で労務管理がなされており、企業が時給単位で労務管理を行っていることへの自覚が乏しい。ここでいう「月給」とは、能力と貢献を評価され、長期的に上昇する見込みのある賃金体系である。このような賃金制度への「期待」と実態の乖離があるために、きわめて低い賃金で長時間

図１－２　正規労働者の労働時間別・低賃金割合の推移

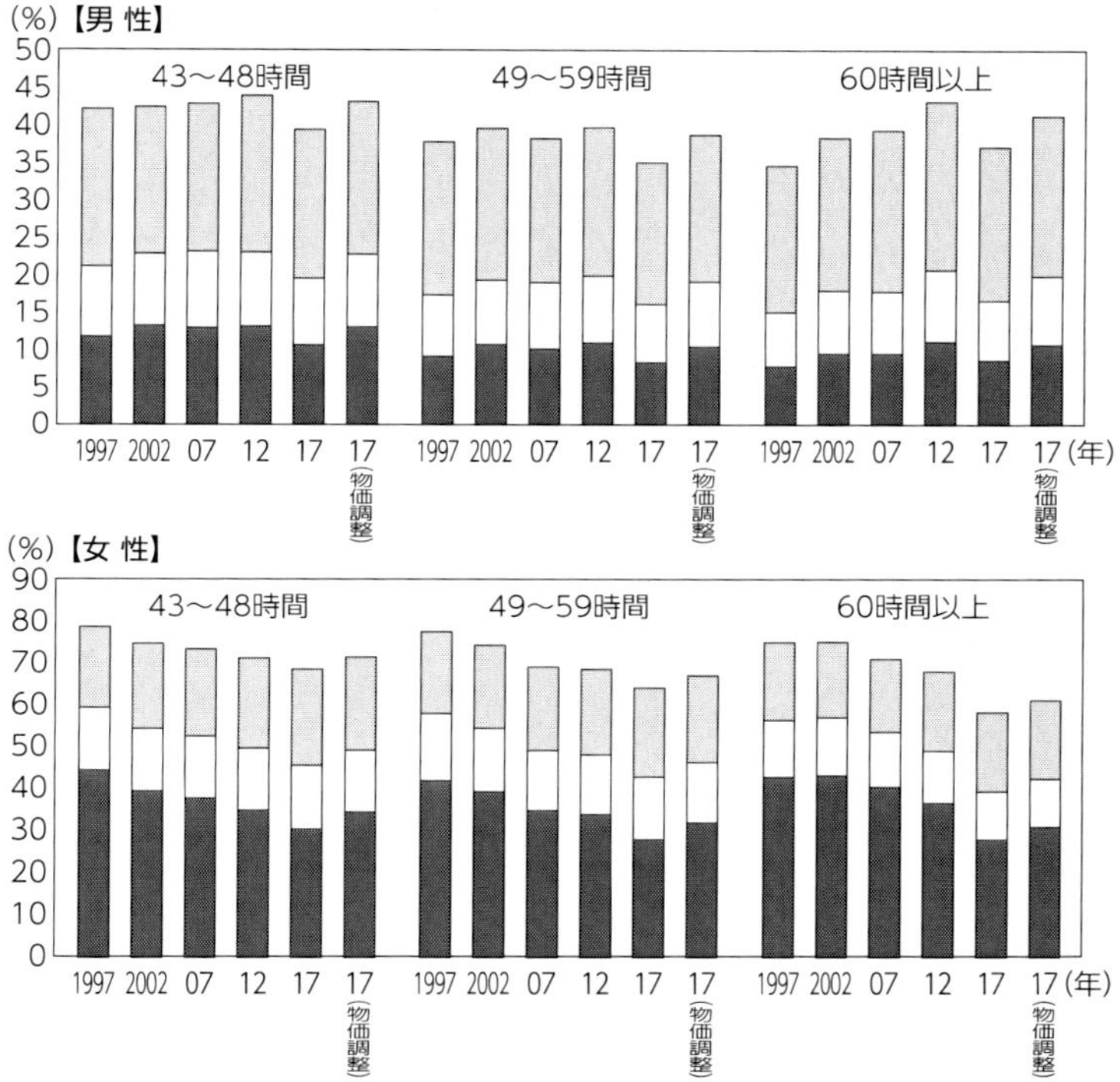

注：2017（物価調整）は2012年消費者物価による調整。
出典：後藤ほか編（2018：72）。

働くハードワーキングプアとなるのである。

それを裏づけるのが、週60時間以上かつ年収２５０万円以下で働く正規雇用労働者の推移を示した「就業構造基本調査」（総務省統計局 2018）のデータだ。週60時間の労働はおよそ月80時間の残業に相当しており、これは国が定める「過労死ライン」レベルの長時間労働である。それだけ長時間働きながら、年収が２５０万円に満たない正規雇用の男性は２０１７年で11％（物価調整後）と、増加傾向にある。また、正規雇用の女性については、週60時間以上の労働者自体は減少傾向にあるものの、２５０万円以下の収入の割合は依然として30%を超えている。かつての終身雇用・年功賃金の日本型雇用においては、労働時間が延びるほど所得も仕事のやりがいも向上する傾向を示していた。しかし、今日の正社員の多くは長時間働きながらも、低賃金なのである。

ハードワーキングプアの背景にある労務管理を具体的にみていこう。最もわかりやすい例は、「固定残業代」と呼ばれる賃金形態である。これは、月給に数十時間分の残業代を含めるなどして、「月給」の内実を長時間の時間給に変容させる制度である。有名な事例に、過労死事件を引き起こした「日本海庄や」などを運営する外食大手の株式会社大庄がある。同社では、２００７年に入社４か月の男性正社員が月平均１１２時間の残業の末に過労死する事件が引き起こされた。

新卒者の最低支給額は19万４５００円とされていたが、実際にはこれは80時間の残業をして初めて得られる金額であって、本来の最低支給額は12万３２００円だった。給与を時給換算すると７７０円程度で、当時その地域での最低賃金と接している。つまり、同社は７７０円という低い最低賃金を利用して、19万円という支給額に、80時間もの残業代を含みこませることができたのである。しかも、彼らは入社後に初めてこの残業代が月給に含まれていることを告げられていた。このように「月給制」の内実を変化させることで求人を偽装する採用方式は、法律上も実質的に許容されており、行政による取り締まりも行われてこなかった(7)。

固定残業代を「月給」に含ませる労務管理は、今日では外食、小売り、介護、保育、ＩＴ業界などに蔓延しており、「1時間当たりの賃金がいくらかわからない」労働者が多くを占めている。このような管理手法からは、月給表示の意味が、従来の能力給から、時間を単位として厳密に計算されるものに変質していることを示している。それにもかかわらず、労働者は相変わらず残業代を含んだ時間給の合算を通常の「月給」であると誤解させられている。

このように、企業による労務費の削減は、属人処遇による「月給」という曖昧な制度を利用して行われている。濱口桂一郎は日本の労働契約の性質を欧州と比較し、「空白の石版」と表現しているが（濱口 2009）、労働基準の不在ゆえに、日本社会では正社員であっても容易に労働条件が引き下げられるのである。

BIの効果

以上の日本の労働問題の実情を踏まえると、容易に変容する賃金制度のもとでは、ＢＩはあまり効果がないことが推察される。むしろ、これまで述べてきたように、労働基準の確立があって初めてＢＩの労働市場への効果が生じると考えるべきだろう。この点については、すでにスピーナムランド制[8]の教訓として広く指摘されているところであるが、日本の労働市場にはとりわけこの構図が当てはまりやすいということでもある。

ただし、ＢＩは最低賃金の引き上げを前提とした下層職種の労働市場に対しては、ある程度の影響があるだろう。例えば、都内の下層職種では、時給１０００円よりも労働条件を下げることは難しい（２０１９年9月現在の最低賃金は９８５円）。フルタイムで働いた場合、月給の額面は17万円程度になり、可処分所得は15万円程度となろう（単身生活保護費よりもやや上）。もしここにＢＩが月５万円支給されれば、可処分所得が20万円となるから、相当の生活の改善が図られることになる。最低賃金よりも賃金が下がることがないと考えれば（実際には様々な方法でそれは起こりえる[9]のだが）、たしかに生活は上向く。

また、いわゆる「ブラック企業」の長時間労働を労働者が受け入れる背景には、残業代によって家族形成可能なぎりぎりの賃金を獲得しているという事情があった。固定残業代80時間が獲得されることで、初めて月給25万円を維持しているといったケースもある。ＢＩの支給は、こうした過重労働へと駆り立てる圧力を一定程度緩和する要因とはなりうるだろう。

とはいえ、ここで注意しなければならないのは、それが「労働の選択を自由にする政策」でも、まして「労働から解放する政策」でもまったくないということである。仮に月に5万円を支給されても、仕事を辞めたり自由に選択することはまったく不可能である。これは、支給額が7、8万円になってもさほど変わらない。生活が向上し、一定の残業圧力が緩和されたとしても、「生活上のニーズ」の方が圧倒的に高いからである。

そもそも、ワーキングプアの多くは住居費に大きな負担を強いられている。年収400万円未満の若者では、住居費負担率が3割以上を超える者が57％に上っている（住宅政策提案検討委員会 2014）。BIを当て込んだ家賃の引き上げも予測される。また、子育てにかかる費用が緩和されなければ、20万円（あるいは子どものBIも含めた25万円）程度では家族形成は相変わらず困難である。(10) さらに、介護保険給付の削減に伴って親の介護費用の負担も増大している。これらの問題が解決しない限り、労働市場と切り離されて生活することはとうてい不可能なままである。結局は、家賃のため、子育てのため、老後や親の介護費用のために、長時間労働に駆り立てられる構図は変わらない。

近年の統計によれば、収入が低いほど有配偶者率も子育て世帯である割合も低い。つまり、「子育て」は今やすべての人々のライフイベントではなくなり、中間層以上に特殊化されているのである（後藤 2017）。これが逆説的に、「子どもの貧困」を抑止する要因となっていることが指摘されている。BIが支給された場合、これまでは子どもをもつことができなかった世帯が子どもをもつことができるようになるかもしれないが、その場合にも、子育て負担の現物サービスによる緩和が徹底されなければ、新たな「子どもの貧困」を生み出す結果になってしまうし、労働者は子育て費用を捻出しようとダブルワークや過酷な労働へと駆り立てられることになるだろう。

3 「BI＋AI論」の帰結

近年、労働とBIの関係で重要な動きは、AIによる雇用量の減少と結びついた議論が強い影響力をもつに至っているということである。例えば井上智洋は、『人工知能と経済の未来―2030年雇用大崩壊』のなかで「汎用人工知能が普及した世界にぜひとも導入すべきだと私が考えているのは、『ベーシックイン』です」とし、「AIの発達によって生産力が爆発的に高まったとしても、資本をもった少数の人々しか豊かになることができず、多数派である労働者がむしろ貧しくなるようなディストピア」を防ぐ政策こそがBIだとしている。

今日、このような考え方は言論人のあいだに広がり、影響力を強めている。そこで、このAIによる労働の減少がどのような意味を有するのかを検討しつつ、BIと関連した議論のもつ意味について考えていこう。

「ショック・ドクトリン」としてのAI論

まず、AIによる労働の減少について具体的に考えていこう。たしかに、自動化の技術が進歩することによって、会計のレジ業務などの単純な業務の多くをロボットが担うことになることは想像に難くない。いずれはコンビニや飲食店の「完全自動店舗」が実現し、普及することも考えられる（世界的はすでに実践され始めている）。単純労働の多くから、人間は解放される可能性があるわけだ。

一方で、この解放は「完全」なものにはなりえない点に留意が必要だ。人間にしかできない顧客対応や突発的な事態への対応が残るからだ。例えば、顧客のクレームに対応するための人員は必ず必要になる。機械の不具合への対応も必要だろう。だが、チェーン店の業態では人員を限界まで絞り込むことで利益を出している。そのため、この「残った労働」はまた、最小限の人員でこなすことが求められることになる。例えば、ある地域には数人の社員だけが配置され、クレーム対応や不具合に奔走する。まったく家にも帰れない。このような事態が容易に想像される。

「労働は減るが、長時間労働は減らない」のだ。現状でも、例えばすき家の社員はアルバイトの欠員を補充するために地域中を駆けずり回り、過重労働に苦しんでいる。機械の導入が進んでも、こうした業態のあり方そのものを変えない限り、職場環境を改善することにはならない。また、雇用量そのものが全体の機械化によって減少するなかでは、「残った過酷な仕事」に人々が殺到する。労働基準の不在のなかで、一部の企業では、殺到する労働者を安く雇うことで、機械化をせずに単純労働を温存させるインセンティブをもつ場合もある。同じ構図から、ますますブラック企業の人材「使い潰し」経営に拍車をかける可能性もある。労働市場の仕組みが同じままでは、ただ仕事が少なくなったなかで、むしろ労働をより過酷なものにしかねないのだ。

実際に、経済産業省もＡＩによって雇用が単純に、一方的に減少するわけではないことを予測している。政府は２０３０年までに製造業の単純労働や経理などの間接部門では不可避的に代替が進み、両部門を合計した雇用の減少幅だけで４００万人以上であると試算する一方で、大衆飲食店の店員、コールセンター等の「サービス業（高代替確率）」は、ＡＩ・ロボットによる効率化・自動化が進んで減少するが、現状のままでは、全体の雇用が減少するなかで、大量に人が流れ込むことで、雇用はほとんど減ることはないと予測している。つまり、間接部門で大量に雇用が減り、失業者はサービス業に流れ込んできて、劣悪なブラック企業型のサービス業がかえって増大する、というのが現状のシナリオだという。こうした構図は、今日のコンビニの労働問題をみれば明らかだろう。多くの失業者がいるからこそ、店長・社員・アルバイトの低賃金労働によって生産性の低い24時間営業が実現している。

とはいえ、資本主義社会において、ここで問題となっている雇用減少は、ＡＩという特殊な技術によって劇的に引き起こされた「異例の出来事」ではない。生産力が上昇するなかで、これまでにもＭＥ化、オートメーション化、ＩＴ化が進み、そのたびに産業構造が転換してきたのである。ＡＩ論が問題であるのは、むしろ「雇用減少」という扇動的な言説によって、社会の権力関係に影響を与えている点である。いわば、実際の雇用の減少量の問題とは切り離された「期待失業率」を提示し、社会に浸透させることによってそれ自体が社会的な効果を及ぼしているのである。そして、すでに述べたように、そのような雇用減少の言説にＢＩ論が接合してしまっていることは、強く憂慮すべきである。

そもそも、ＡＩがこれほどブームになった背景には、人工知能が人間の知性を超える「シンギュラリティ（技術的特異点）」があると盛んに宣伝されたことがある。しかし、すべての労働を代替する「技術的特異点」など簡単に成立するはずもなく、多くの論者が実際にはそれが成立しないか、するとしてもはるか未来であるとしている。つまり、今日のＡＩブームは誇大な「キャンペーン」としての要素を多分にはらんでいる。

より問題なのはこうしたキャンペーンの帰結としての、「労働」そのものへの軽視ないし敵対である。社会に「これから不要になる仕事」「なくなる仕事」といった言説が氾濫し、今日、まだ必要とされているたくさんの労働の価値が大幅に軽んじられている。さらには、「労働が不要になる社会」が喧伝されることで、今日も雇われて働かざるをえない現実を無視し、あたかも働くことが無価値であるかのように錯覚させる。

世界的なジャーナリストであるナオミ・クラインは、『ショック・ドクトリン―惨辞便乗型資本主義の正体を暴く』のなかで、人々に衝撃を与える災害時こそが、新自由主義者にとって最も都合のよい状況だと指摘する。災害や危機は、私たちの日常を物理的に破壊するだけではない。さらされた者の精神を「白紙状態」におく。ハリケーン・カトリーナやリーマンショック期には、人々の「白紙状態」を利用して、通常では受け入れられないような制度が次々に成立していった。「理想社会を構築するための白紙状態への希求……世界をゼロから創造する神のごとき力をわがものにしたいというこの欲望こそ、自由市場イデオロギーが危機や災害に心惹かれる理由にほかならない」のだ。

今日の日本におけるＡＩ論議は、まさにこのような意味で「ショック・ドクトリン」ともいえるような効果を及ぼしている。「そんな仕事はすぐになくなるのだ」「ほとんどの仕事が機械にできるようになるのだから、まじめに働いている方がバカだ」……こういう言葉が日々投げかけられるなかで、仕事に誇りをもち、その条件や内容について深く考え守ろうとする気持ちは衰えていく。

このような労働を軽視・敵視する文脈をもつＡＩ論と結びついたＢＩ論は、その文脈を補強・補完する機能を有している。すでに述べたように、ＢＩ（とりわけ現物給付を削減した）によって、労働せざるをえない状況はなくなるわけではない。社会の維持に労働が必要とされている限り、誰かが労働を担わなければならないことも事実である。それにもかかわらず、「労働が存在しない未来社会」の幻想的な誘惑は、いま、現に存在し、これからも存在し続ける「労働」に対し、ますます基準を作らない、基準を争わないような社会的な権力関係を打ち立てている。真に考えるべき、「どのような労働条件にすべきなのか」、さらには「どのように労働すべきなのか」という問いから人々を遠ざける効果を生み出している。(11)

「職業の再建」こそが必要

これから問われなければならないのは、「どのような条件で働くべきか」（これはすでに述べた）に加え、「どのように労働すべきなのか」である。今日の労働紛争をつぶさにみれば、そのほとんどが職業の再建を争っていることに気づくだろう。(12) 運輸、介護、保育、教師など、彼らの労働は現に必要とされており、社会を支えている。その労働がきわめて劣悪な条件であるだけではなく、労働・サービスの内容が劣悪化している。だからこそ、労働の基準（労働時間や賃金）に加え、労働の質を保つための取り組みが求められている。このような「職業の再建」は労働運動の実践によって勝ち取らなければ社会に現れることはない。具体的には、労働法の権利を行使し、個々の不当な状況を訴えることで、守るべき「職業」の状況を世のなかに訴えていくことが必要だ。

例えば、最近ではヤマト運輸の違法な残業代不払いが問題となった。一労働者の権利の問題から始まったはずの労働運動が、運転手全体の労働状況の劣悪さを訴えることにつながり、アマゾンを巻き込んだ流通業の問題へと発展した。そうして、社会全体でドライバーの労働条件をどう守るのかが議論されるに至っている。同様に、保育士の労働問題は、今日ではすでに職業的な問題となっている。保育士が離職する背景に低すぎる労働条件があることは、多くの事件からしだいに知られるようになってきたからだ。ここでも保育士たちの訴えは多数の職場に広がり、訴えは消費者（保護者）や行政にまで届いている。

このように、労働者の「まともに働く権利」を求める争いは、多くの同職の仲間の共感を呼び、新しい職業意識の醸成に寄与する。同時にそれは、様々な職業によって成り立っている「社会」そのものからの関心をも引きつける。つまり、労働者の権利実践こそが、労働に基準を打ち立てるのであり、その実践はＢＩが有効性を獲得するための前提となるのである。

「自由な労働」とＢＩ

最後になるが、労働の変化という点では、「雇用によらない働き方」を含め、企業にとらわれないで働く「自由」で「自律的」な労働が重要なキーワードとなっている。プラットフォーム型労働や、シェアリングエコノミーの発展についての議論である。ＢＩはこの点でも、「自由な労働」を選択するための条件として取り上げられることが多い。たしかに、雇用にとらわれて働くよりも、より自由に労働を選択でき、自律的に労働を遂行できることは望ましいことである。これは、もっといえば、労働運動が積極的に求めるべき未来社会のあり方だとさえいってよい。だが、この点についても、単にＡＩが発展したり、あるいはＢＩでわずかな所得保障が給付されるだけでは、「自由な労働」など決して実現しないということを強く指摘しておきたい。ウーバーの事例に典型的にみられるように、プラットフォーマーによる支配が、シェアリングエコノミーを実際的には搾取の道具に転化してしまうからである。

実際に、シェアリングエコノミーやプラットフォーム型労働の代表例とされるフードデリバリーサービスを手がけるウーバーイーツ(13)においては、労働者は「仕事の応答率」、「キャンセル率」、「客からの評価」の３つの指標によって管理・評価され、自由に仕事を決めることなどできない。応答率が80～90％を下回ると、アプリの利用が停止されてしまうのである。また、報酬も一方的に決定される。サービス開始直後は高い報酬が設定され、多くの労働者を登録させるものの、その後、一方的にこれを引き下げていく。労働契約の場合には、労働基準法および労働契約法によって労働条件の不利益変更は法的に保護されているが、ウーバーイーツのようなプラットフォームと労働者の間には労働契約が存在しないため、会社側は自らの一存で労働条件を自由に変更できると考えている（むろん、これは法的に争いうる問題であるが）。実際に、東京、横浜エリアのウーバーイーツでも、「突然メールが来て、今週の賃金規定はこうなると変更が告げられる」（川上 2018b：52）（傍点は引用者）のが実情なのだ。

そして、これらの評価基準も支払額の決定法式も、すべてブラックボックスであり、一方的に労働者を拘束している。労働法が適用されない「自由」な労働であるとされているために、彼らの労働条件は守られず、一方的に決定されるのである。

仮にBIが拡充したとしても、このようなプラットフォーマーによる支配を免れることはできない。これらの労働形態は最低賃金制度など、日本の脆弱な労働規制すら免れるために、その弊害は「不自由な雇用労働」以上である。BIが充実したとしても、これまでよりも圧倒的に簡単に、一方的に、そして無制限に労働条件を引き下げることができる。世界的にはすでにプラットフォーマーに対して権利を主張する、ストライキやデモ活動による労働運動が展開されている。やはり労働運動によって、労働のあり方に介入することが必要なのである。(14)

おわりに

本稿では、日本の労働の観点からBIについて考えてきた。ここまで述べてきたことを簡潔に要約すれば、第1に、BIは日本において優先すべき政策ではないということ。社会的サービスの商品化が著しい日本社会においては、まずはこれを解決しなければならない。第2に、労働市場の規制なくしては、社会的サービスを代替しないＢＩがもし実現したとしても、効果が薄いということ。第3に、これがとりわけ重要であるが、労働運動の実践の必要性が実在するにもかかわらず、特にＡＩ論と結びついたＢＩ論は、労働運動の必要性を相対化させる言説として機能しているということである。

これらの諸問題を踏まえ、発展させることによって、政策要求としてのＢＩ論は真の価値をもちうるものと考える。すなわち、求められるべきは、社会保障の実現や労働市場規制の代替物（あるいはそのように表象された政策）ではなく、そのさらなる発展をめざすＢＩ政策論である。

（1）小林（2018）。なお、年功賃金は主として男性に適用され、家計所得の主たる担い手とされてきたために、とりわけ男性の非正規労働者が結婚において差別される。また、近年は男性の低賃金化を背景として、女性についても所得が高いほど有配偶者率が高まる傾向にある。
（2）賃金の決定法式の違いについては遠藤（2005）。ただし、近年は欧州においても高失業下でワークフェア政策が進行するなかで、従来の職務給とは異なる例外的な雇用が認められる傾向にある。とはいえ、これから述べるように、日本社会においては「例外」が初めから拡大する構造を有しているのであり、この点を踏まえることはきわめて重要である。
（3）日本の「能力主義」の性質については熊沢（1997）。
（4）なお、アメリカで賃金格差が大きい要因は、移民が低賃金のサービス業に集中するなどして、特定の職業に非正規が集中していることが考えられる（つまり、非正規雇用労働者が「違う仕事」に従事している）。
（5）同一価値労働同一賃金の実態については浅倉（2004）。
（6）最低賃金制度確立への議論状況については根本（2009）。
（7）求人偽装の実態については今野（2016）。なお、固定残業代については、２０１８年1月から施行される職業安定法によって、ようやく募集や求人申込時に記載が義務づけられた。筆者が共同代表を務める「ブラック企業対策プロジェクト」が繰り返し求め続けてきた結果である。
（8）１７９５年にイギリスのバークシャーのスピーナムランドで決定された貧民への賃金補助制度。翌96年に制定された法律によって農村地帯を中心に全国的に採用された。貧民救済の新たな方向を示すものとして期待されたが、結果的には、安易な賃金補助制度の典型的な失敗例に終わった。

(9) 今日、政府・財界が進めている「雇用によらない働き方」は最低賃金規制を免れる典型的な手法である。例えば、葬祭業の株式会社ベルコは、実質的に約7000人の従業員を抱える全国規模の大企業でありながら、その正社員はわずか35人と圧倒的に少なく、全体の0・5%に過ぎないことが知られている。ベルコは、労働者と直接的な雇用関係を結ばずに労務管理を行っている。また、本稿で後述するプラットフォーム型労働に至っては、労働条件はすべて労働法が適用されない事業契約によって、一方的・事後的に決定される。さらに、労働法の範囲内でも、裁量労働制や管理監督者制度の適用によって、最低賃金制度の適用を免れているケースは枚挙にいとまがない。

(10) ここでも、BIと引き換えに保育や公教育の費用が増大すれば、やはりその効果は削減される。

(11) BIへの過剰な期待は、「対決を避ける社会運動」を生みだしてしまう。日本社会の「対決を避ける」モードこそ、今日の閉塞感の最大の要因であることは、強調してもしきれない。なお、この点については今野・藤田編（2019）において詳論されているので、ぜひ参照してほしい。

(12) この点については、井手・今野・藤田（2018）、今野・藤田（2019）のなかの拙稿で詳しく論じている。

(13) ウーバーイーツの労働問題については、川上（2018a, 2008b）を参照されたい。

(14) 新しい労働形態が有用なものとなるためには、労働運動が不可欠である。これについては、今野（2019）、井手・今野・藤田（2018）に加え、海外においても、例えばブラッドワース（2019）において指摘されている。

第2章

貧困問題とベーシックインカム

【藤田孝典】

1　NPO法人ほっとプラスに寄せられる生活困窮者の実態とベーシックインカム

筆者は主に生活困窮者支援の現場に約17年関わり続けてきた。現在も年間約300件の生活・労働相談を受ける特定非営利活動法人ほっとプラスを運営しながら取り組みを続けている。この生活困窮問題の現場からベーシックインカム（以下、BI）について検討してみたい。

まず当たり前だが、生活困窮状態にある相談者は多種多様な生活課題やニーズを有している。なおかつ家族や友人など頼れる人間関係も喪失、破綻していることも珍しくない。なかには生きること自体に絶望している相談者もいる。そのような多様な相談者の姿を浮かび上がらせることで、BI議論の不足を補い、現金給付による支援がどう作用するのかを検討していきたい。さらに、BI論の魅力、引力がマイノリティの支援側からみていて、権利要求行動を制限するヘゲモニーとして機能している側面を批判的に考えてみたい。

生活困窮者とアディクション

生活困窮の相談で多いものがアルコール依存症やギャンブル依存症、薬物依存症などのアディクション（依存症・

嗜癖）に罹患している人々である。ＮＰＯ法人では社会福祉士資格を有するソーシャルワーカーを配置して、専門的なケアを提供している。

ソーシャルワークとは、主に生活課題を有する人々や集団に対して、直接的・間接的に援助技術や理論を活用して、人や環境、社会に働きかけ、生活改善に取り組む行為である。その対象には高齢者や障害者に限らず、生活困窮者なども含まれる。ソーシャルワークは、本人たちとの面接を通じて、問題の所在をアセスメントによって明確にし、介入方法を模索する。病気や障害があれば、支援計画を立て、優先順位をつけて治療やケアが的確に進むように環境整備を行っていく。予定を立てて本人と共有しながら、場合によっては、病院同行、生活支援、行政手続き、各種障害者手帳の取得、福祉制度の契約支援、入所施設探しなども行う。本人の生活改善が見込まれることを想像しながら、協働していく取り組みといってもよい。ソーシャルワークは、あくまで当事者との協働であり、支援者が主体ではない。

このようなソーシャルワーク実践で感じることは、ソーシャルワークなき現金給付の無意味さである。むしろ、現金給付はアディクションを深化させ、悪影響を及ぼしていく。現金、貨幣はそのもの自体では効用を発揮しない。その効用を発揮するのは、商品やサービスに転化されたときである。私たちは無意識であれ、食品を購入したり、ガスや電気を使用して調理したり、ときには外食サービスを利用して美味しい食事をしながら、人生を楽しむこともできる。貨幣を商品やサービスに適正に交換することで、その効用を得られているわけだ。

しかし、酒や馬券、舟券、パチンコ玉に現金や貨幣が転化しても、依存症者に一瞬の快楽は与えるかもしれないが、暮らしは改善しない。依存症に罹患すれば、「やめたい」「もうやりたくない」と思っていても、現金があれば誘惑に駆られ依存対象物に接近してしまう。依存症者のための自助グループなど様々な取り組みがある理由は、一度罹患した場合には完治することはなく、一生涯病気と付き合っていくしかないからである。仲間とともに病気と付き合い、依存対象から遠ざかり続けるように生活を維持しなければならない。他にも、孤独による寂しさ、余暇時間の多さ、など本人を取り巻く環境がアディクションの一因になっており、ソーシャルワーカーはこの環境改善に取り組んでいく専門職でもある。

生活保護とアディクション

例えば、メディアが生活保護受給者を取り上げるときに、支給された生活保護費をもってパチンコ屋や酒屋に駆け込む人々の姿を映し出す。あるいは向精神薬や睡眠薬をネット通販で買い込んでいる人々の姿もある。アイドルグッズの収集にはまり込む人々もいる。依存症者だからといって、生活保護費は原則として使途に制限はないし、本人の意向に従って質素倹約に勤めれば、福祉事務所からの過度な指導は受けない。何に使用するのも基本的に自由である。むしろ、近年の福祉事務所は生活支援や指導にあたるケースワーカーの質量ともに十分ではなく、アディクションへの対応やきめ細やかなケアなどができていない。だからこそ、生活保護の現金給付によって、アディクション状態を長引かせ、永続的な苦しみが拡大する人々が確実にいる。

本人は依存対象を変えたいし、現実を変えたいとの意志があっても繰り返してしまう。精神科への入院治療、依存症対象プログラムを実施してもらう人のなかには良い状態に結びつくケースもあるが、その支援には困難さを伴う。ケースワーク、ソーシャルワークを実施する者が現場に圧倒的に足りていないからだ。

現代は情報化社会であり、商品やサービスの情報が絶え間なく入ってくる。テレビを見るだけでも、酒、パチンコなどの宣伝、広告の嵐に晒されてしまう。インターネット上でも消費を喚起する怪しい情報があふれかえっている。この行き過ぎた情報化社会では、人々に過度な消費を促しながら、アディクションに関連する人々をも市場に取り込んでいく。人々の心身の健康や暮らしなどは犠牲になってもいいかのように資本の運動は相変わらず激しい。例えば、美味しそうに飲酒する芸能人の姿に魅了されて、つい飲みたいと思わせる宣伝は効果抜群だろう。居住環境によっては、CMを見た数分後には同じ飲料が購入可能だ。

依存症の当事者は社会環境に翻弄され、なおかつソーシャルワークの不足によって、現金や貨幣を必要な資源やサービスに変えることが困難な状況が続いてしまう。現金や貨幣を資源やサービスへ転化する能力や判断力が乏しいときには、ソーシャルワークは権利擁護を行いながら、本人の意思を主体にして好ましいと思われる方向に支援を展開する。それは現金を適正だと思われる方向に使用するように促す権力性を帯びた介入になるが、本人との信頼関係を保ちながら取り組んでいく。だからソーシャルワーカーは倫理綱領などに従い、高い人権意識を有しなければ、安易に高圧的で権威主義的な存在に堕落してしまう専門職である。

誤解をしないでほしい。依存症に罹患している当事者、金銭管理能力が乏しい当事者が悪いのではない。現代社会においてはアディクションに罹患しない方が不思議だといってもいいほど、私たちを取り巻く環境は悪化している。このような社会構造が背景にあるなかで、彼らにはソーシャルワークやケアがなく、現金給付している制度的欠陥があるということだ。

生活保護法の歴史をたどれば、旧生活保護法まで、素行不良な者は制度の受給要件を欠き対象者ではなかった。いわゆる「欠格条項」が存在した。しかし、現在の生活保護法には欠格条項は存在しない。生活保護法には自立助長の視点も明記されており、受給後に個別援助をしながら環境や暮らしを変えていくように支えることを重視しているからだ。まさに前述したように、ケースワーク、ソーシャルワークが機能しなければ、自立助長や生活改善が困難であることは、制度創設当時から想定されていた。権威主義的にならざるをえない側面は否定できないが、何らかの社会規範に従い、当事者をその方向性に導いていく役割が生活保護制度には期待されている。

要するに、ソーシャルワークなきBIを想定すると、アディクションに苦しむ人々を社会に放置しかねないし、ケアをせずに見放すことを意味する。BI論では現金支給後にソーシャルワークがどう作用するのか、権力性を帯びた介入は本当に不要なのか、議論を継続していきたいものだ。

障害者と生活保護とBI

NPO法人ほっとプラスでは、精神障害者や知的障害者を対象としたグループホーム事業も行ってきた。生活困窮者のなかには心身に障害を有しており、生活上の様々な支援が恒常的に必要な方もいる。身寄りがなく資産を有していない障害者への支援は、行政に保険報酬を請求しながらソーシャルワークを展開することが一般的だ。当事者は支払い能力が十分なく、そのため支援者の人件費や事業費は行政が支払う。いわゆるサービスの現物給付であり、ソーシャルワーク、ケアへの対価である。

障害者はこれらのソーシャルワークやケアがなければ生きられない、あるいは著しく生活環境が悪化してしまう。食事や買い物、入浴や服の着脱、部屋の清掃など日常的に声かけやケアが必要だ。BI論者の一部には、これらの現物給付サービスを廃止して、一律で現金支給することを主張する者もいる。この論者たちの乱暴なところは、個別に障害者の暮らしを想定することなく、全員一律でBIを支給すれば、他の社会保障も一元化できて効率的であるという点だ。障害年金もBIに一元化するので、そのなかからサービス対価を支払え、ということだろうか。BIの支給金額で障害者へのケア対価が賄いきれるはずもなく、きわめて危険な議論であるといわざるをえない。

現在においても障害者への現金、現物給付ともに足りている状態とは言い難い。例えば障害基礎年金の場合、1級では月額約8万円、2級では約6万円である。この支給金額では当然、地域で自立生活は営めないし、障害者福祉サービスも導入できない。そのため、家族がいる人は家族の所得や家族ケアに頼らざるをえないのである。長く障害者のケアに関わってきたのは家庭内の女性であり、母親であることが多い。家族福祉をいうとき、その主体は常に女性であることは強調してもし過ぎることはないだろう。その家族にも十分な所得があるわけではなく、なかにはサービスを購入できない当事者もいる。そのため、本来はプロのケアが入る方が望ましいにもかかわらず、家族が代替しているケースも存在する。地方や過疎地ではそもそもサービス提供事業者がいないこともあり、家族が丸抱えである事例は珍しくない。

家族がいない場合は、NPO法人、社会福祉法人などが運営するグループホームを利用して、所得保障は生活保護が下支えする状況がある。

障害者やその家族から出される要望は所得保障であるが、せめて医療や障害者福祉サービスの減免、住宅の現物給付をしてほしい。障害者も現金給付だけでは生活をすることが困難な対象といえる。多様なニーズを満たすためのサービスや現物給付が必要だ。障害年金のBIへの一元化も乱暴だが、BIを支給するからサービスは市場で購入しろ、というのも乱暴である。

BI支給後に障害者福祉サービスをどの程度支給することになるだろうか。その場合にサービス提供を市場に任せられるのだろうか。これも議論が不十分な点である。たとえBI推進論者が障害者福祉サービスはそのままにして、障害に応じてBIに上乗せ支給するなどと都合がよいことを述べたとしても、現実的には政治や政策の決定過程で反故にされることは十分にありうることだろう。

日本社会は自己責任論が大きな位置を占めている。加えて、家族、特に女性にいまだに大きな負担をかけているのが現状である。これに慣らされてきた市民社会のなかで、「BI導入後は家族と市場がサービス提供すればいい」「金は配っているのだから、あとは自己責任だ」と制度が後押ししたなら、障害者とその家族の暮らしは今より悪化することは目に見えている。

高齢者とBI

拙著『下流老人』（2015）でも指摘したが、障害年金同様に、老齢年金も生活苦に対して十分に改善効果を発揮できていない。これは年金支給金額の低さに起因するが、税や保険料負担が重いことも背景にある。少ない年金支給金額から税や保険料を納入すれば生活が苦しくなるのは当たり前だろう。年金が少ないため日常生活費が足りず、そのために支給されている年金自体を担保に入れて銀行などから融資を受ける「年金担保融資」の利用が止まらない。BIの議論をするうえで、BIを担保に入れて融資を受けざるをえない世帯も出てくることが想定される。金融市場は年金支給の主旨など一切考慮しない。BIでも同様の問題が必ず生じるだろう。

BIが不十分な支給額で、現物給付策が弱いのであれば、高齢者は現状と変わらない生活が待っていることになる。唐鎌直義（2017）は高齢者の相対的貧困率は約27％であると推計している。生活保護基準相当かその基準以下の所得で暮らす高齢者が広範にみられる。なかには医療や介護が必要であっても、現金がないためアクセスしないで我慢している高齢者も存在する。地方では、住宅ローンの返済後の持ち家と田畑の収穫でなんとか食いつないでいる事例も後を絶たない。家賃がかからない住宅と自給自足が、かろうじて高齢者の生活を支える基盤となっている。

昔のように、三世代同居などで大家族がともに助け合って暮らすような形態は激減した。高齢者はひとり暮らしか夫婦のみ世帯が大半である。それらの人々と話してみると、将来への不安が強い。特に、医療や介護、シルバー住宅を含む高齢期の住宅について悩んでいる傾向がある。医療と介護のニーズがある一方で、自己負担が高い場合に生活相談が寄せられ、生活保護に至ることも多い。

高齢者にもBIなどの現金給付は効果的だろうか。仮に、BIによって最低保障年金のように一定の所得は保障されるとしよう。その現金によって、医療や介護サービスは市場で購入しなければならないのだろうか。現在の医療は1割から2割程度の窓口負担を求められるし、入院時には差額ベッド代など保険外の請求もある。介護についても介護保険料を支払いながら、サービス利用時にはさらに1割から2割の利用者負担がある。病気があり介護が必要な場合には、ＢＩで支給された現金だけでサービスを購入することが困難な事例はいくらでも想定される。

また、現金があっても介護サービスを市場で購入する場合、地方では選択肢がほとんどない。地域によっては、訪問介護事業は市町村社会福祉協議会しか提供していない場合もある。現金を支給するから、あとは自分たちで好きな介護事業者を選んで生活してほしいというのも居住環境によっては難しい。

ＢＩは老齢年金制度も一元化するという。そんな議論ではなく、現実的に医療費や介護費の負担軽減、税や保険料の逆進性を改善するところから始める必要がないだろうか。

ワーキングプアとＢＩ

近年、相談現場で多いのは働いていても貧困という、いわゆるワーキングプア層からの相談だ。非正規雇用比率は、約40％に至っている。稼働年齢層全体、子育て世帯にその影響が及んでおり、暮らすことが大変だという声が上がっている。賃金だけでは生活に必要な資源やサービスが手に入りにくい社会構造が作り上げられた。労働組合の弱体化も顕著であり、非正規雇用ではそもそも労働組合加入率もきわめて低い。低賃金ゆえに、長時間労働に従事しなければならなくなり、子育てや家事に困難をきたす世帯もある。低賃金のため、貯蓄も十分に形成できず、若年層ほど実家暮らしを強いられ、民間賃貸住宅市場からも排除されている。なかにはネットカフェ難民と呼ばれるワーキングプアも存在するほど、都市部での稼働年齢層の貧困は顕著だ。

ＢＩによって、このような低賃金労働をしなくとも所得保障されるという。本当だろうか。働く理由は生活を支える賃金を得るためでもあるが、将来に備えるためでもある。住宅の購入、子どもの教育費、病気の際の療養費、介護費用など、いわゆる特別需要に対して貯蓄で対応することが必要とされている。井手英策ら（2018）も指摘しているが、この特別需要に貯蓄で対応する社会からの転換が必要ではないだろうか。そうしなければ現金をいくら支給しても、その現金は日々の生活や特別需要に消えていくだけである。

また、働かなくても保障されるＢＩは日常生活のすべてを賄うだけの金額を支給することができるだろうか。生活費の一部を支給する「部分的ＢＩ」などという概念も出没しているが、基本所得という本来の趣旨からいえば、ＢＩ支給によって基本的に生活は保障されなければならない。現金支給だけで、基本的な生活は満たされるわけではなく、現物給付をどの程度行うのかという範囲も定めなくてはならないだろう。ちなみに、東京23区内で単身者が住宅を民間賃貸住宅市場で借りる場合、ワンルームでも10万円程度は必要とされる。ＢＩの支給額が10万円未満では、地域によっては生活どころか、家賃すら保障できない。公営住宅などでの低家賃が保障されているのであれば、ＢＩの効果は大きいかもしれないが、現実的に私たちの社会は稼働年齢層、特に単身の若者に公営住宅を提供していない。家賃分さえ負担が軽ければ生活はかなり安定するという声は都市部ほど大きい。

なお、現金があれば住宅を借りられるわけでもない。日本特有の信用問題という差別対応が民間賃貸住宅市場、公営住宅入居でも横行している。身寄りがない、保証人や連絡先が立てられない、生活保護受給中である、病気がちである、高齢である、などの理由から住宅から排除される課題がある。入居差別をしてはならないとされているが、現実は差別の嵐である。

一部のＢＩ推進論者は、賃労働からの解放を謳ってＢＩへの支持を得ようとするが、人々の需要を満たす資源やサービスの配分を市場に任せている以上、その効果は限定的である。医療や介護、保育、教育、住宅などが無償で提供されるなど、現物給付策の土台が充実していて、かつ現金支給があるのであれば、助かる人々は多いだろう。はたして現物給付策の充実すらできていない現状で、そのような夢物語を誰が信じるだろうか。

2　生活保護制度からベーシックインカムを考える

生活保護制度の改善すらできないのにベーシックインカムなのか

ＢＩ論には、生活保護制度のように欠陥が多い所得保障制度をＢＩで一元化すれば、問題解決に向かうというものもある。生活保護制度は機能不全を起こしていることに異論はない。

生活保護が必要にもかかわらず、未受給の人々が大勢いる。生活保護制度の捕捉率の低さは、繰り返し指摘される重大な問題だ。要保護状態にある世帯のうち、20％程度しか捕捉できていないという調査もある（尾藤ほか編 2011）。日本の生活保護制度は、厳しい資産調査と親族照会を伴う。補足性の原理に従い、稼働能力や資産、頼れる親族など、あらゆるものを駆使しても、なお必要であれば支給する。ＢＩのように生存しているだけで無条件に支給することはなく、厳格な審査を要する。日本国憲法で勤労が義務づけられている国民は、働かずして所得保障を受けることはきわめて難しい。加えて、特別需要には貯蓄で対応してきた慣習があるので、日本においては、こうしたことから国民の生活保護に対するアレルギーは強く、スティグマ（恥辱感）を与える制度としてみえている。就労もせず貯蓄もしていない人々へ社会規範として審査の厳格さを求めてしまうのである。

人々の意識や感情は制度運用や解釈に大きな影響を及ぼすが、このような背景もあり、生活保護制度は必要な人々に支給がまったくされていないのが現状である。

では、それはＢＩに置き換えれば改善する話だろうか。むしろ、働かない人々への現金支給を推進するＢＩを妨げているのは、この社会規範や大衆意識ではないだろうか。ここにアプローチをして変革を及ぼさなければ、ＢＩが導入されても、勤労意欲がない者や素行不良な者は支給について何らかの制限をされてしまうのではないだろうか。Ｂ

I議論においてはメリットを伝えるだけでなく、社会規範や大衆意識を変えるアプローチの議論は必要不可欠といえる。

要するに、生活保護制度の欠陥や課題は社会規範や大衆意識も反映したものであり、BIに置き換えれば解決するというのは飛躍した議論である。現行の生活保護制度すら改善できないのに、BIを導入してもその制度がまともに運用される保証はどこにもない。生活保護法は崇高な理念を掲げているが、制度運用は理念とはかけ離れ、窮屈な運用を強いられているのが現状だろう。この課題も解決できないのにBIに移行するなど、足し算ができないのに掛け算に移行するようなものだ。

生活保護制度の改善からBI論への進展へ

BIの導入よりも生活保護の改善に向けて取り組むことが先決ではないだろうか。生活保護制度は生活扶助・医療扶助・住宅扶助・介護扶助・生業扶助・教育扶助・葬祭扶助・出産扶助の8つの扶助に分類して支給される。要保護状態になって申請すれば、この8つの扶助から必要なものを支給するという運用だ。しかし、要保護状態になる前から8つの扶助から必要なものを個別に支給しておくことはできないだろうか。例えば韓国では、生活保護制度を単給化して、住宅扶助や医療扶助だけを支給される人もいる。それによって生活保護受給者が増加し、制度が使いやすくなったという声もある。現行制度をより当事者に近づける努力を抜きにして、BI論を進めることはいささか性急ではないだろうか。

生活保護制度を受けやすく、使いやすいものへ転換させていくことが重要であり、理念どおりに制度運用されれば、非常に有効な救貧制度となることは間違いない。資産調査、親族照会もその対象範囲を狭めるなど、柔軟な運用に切り替えることは現実的に可能であるはずだ。こうした社会規範や大衆意識を時代の変化とともに変えていく作業から始めていくことだ。

持ち家や自動車があるから生活保護が受けられないという運用についても、個別具体的な訴えによって法解釈の変更を促し、生活保護が受給できるようになった。

ここ20年の間に高校生の学費や通学費、アルバイト代の収入認定除外など、制度の範囲内で解釈変更が可能になった。福祉事務所の判断に対して、裁判による権利要求を繰り返し、決定を覆すという裁判闘争も、運用に変化をもたらした。実際には機能不全を起こしている生活保護制度を当事者や支援者の力で変更することは十分に可能なのである。だからこそ、単純に生活保護制度が機能不全なのでBIだという議論にはならないことは繰り返し主張しておきたい。あくまで現行の制度を自分たちの力で変更する力がなければ、いかなる制度が導入されようとも当事者の意図する使い勝手のよい制度にはなりえない。

さらに、生活保護へのスティグマ（恥辱感）は、無条件のBI支給への引力を強める方向に作用しているが、この恥辱感と向き合うことなしによりよいBIが成立するだろうか。生活保護受給者への差別感は、働かないのに受ける現金・現物給付ということだけでなく、非拠出型の社会保障給付であるという面のこだわりが根強い。BIは生存していることを無条件に保証するといっても、このような恥辱感が広範に存在する社会において、その理念は貫徹できるだろうか。BIが導入されても、その後に働くことを強制されないだろうか、あるいは様々な条件つきの給付にならないだろうか。

現実の生活保護受給者への対応を改める世論形成や社会活動が必要であり、BI導入のための土台整備をするべきではないか。残念ながら、このような差別を除去するために民主的議論を行う機運は、BI推進論者からはいっこうに出てこない。生活保護制度の改善、差別的な世論の改善に向き合う真摯さもないし、その手続きを諦めたBI論に終始している以上、筆者はBI論には賛成できない。現場に来てともに権利要求の行動をしなければ信頼はされないだろう。今のまま制度導入されても、まともな運用がされるわけがないことはわかりきっている。

3　制度主義に陥らず社会運動での改善に終始せよ

このように、現行制度の改善とは、異論を社会に呈していくことだ。これには、マイノリティである生活保護受給者側に立って、代弁行為を繰り返していく作業を伴う。そのような闘いをすることなく、あるいは権利要求をすることをなくして、ＢＩによって豊かな社会は実現しない。政治や制度を変える＝ＢＩが生活を助けるというのは幻想だろう。また、ＢＩ論争を宗教的なものにしてはいけない。現に苦しんで生活をしている人々に夢をみさせて、政治や制度を変えれば社会がよくなると思わせることは欺瞞だ。あくまで権利は要求して、当事者たちが勝ち取らなければ成立することはないのである。社会福祉は権利要求の歴史の積み重ねがあり、その上に制度が形成されてきた。当事者と支援者が声を上げてきた活動がある。このことは社会福祉に限らず、様々な法体系にもいえることだし、人々の社会規範や大衆意識が法や制度に大きな影響を与えている。

だからこそ、私たちはどうするべきなのだろうか。まず荒唐無稽なＢＩ論の前に、少なくとも現実的に欧州型の福祉国家の実現を追求するべきではないだろうか。欧州や北欧のように、たゆまぬ要求を続けながら、生活に必要な基礎的サービスは無償化か低負担で利用できるようにすることから始めてみてはどうだろう。これまでみてきたように、生活困窮者に限らず、すべての人が必要とするサービスを使いやすくすれば助かる人々は増えるだろう。例えば、生活保護の８つの扶助を段階的に低負担化、無償化に進め、より普遍的に給付していく作業は決して不可能ではない。医療費の窓口負担の軽減、介護利用料の軽減、教育費・職業訓練費の完全無償化、保育園の無償化（2019年以降一部導入予定）、住宅手当の支給や公営住宅の支給など、医療、介護、教育、保育、住宅が低負担や無償で支給されれば、少ない現金で暮らせる社会になる。現金の支給の是非すら根本から問われる社会ともなるだろう。

ＢＩなど空想的な制度主義の議論はいったん、脇においてみてほしい。生活上で具体的に必要な権利要求から始めたい。ＢＩはその権利要求の妨げになるし、権利要求する過程を飛ばして、政治や制度に期待を込めてしまう人々を生むことにつながる。権利要求がないまま、政治や制度に期待してもよいものは成立しない。

今必要なのは、井手・今野らとともに提言した（2018）現物給付を先行するベーシックサービス（ＢＳ）の充実である。日本は市場原理が追求され、ほぼ「商品化された社会」であり、何でも現金で買わなければならないと思わされている。だからこそ、現金給付の威力、ＢＩ論の引力は強い。しかし、日本がこれまで進めてきた、政府が人々の生活に必要なものを判断し支給する機能を受けもつ福祉国家は、そこまで悪かったのだろうか。現物給付や「脱商品化」政策さえあれば暮らしていける相談者は大勢いる。公営住宅さえ支給してもらえれば暮らせる母子家庭、生業扶助として、給付つき職業訓練さえ支給されれば資格を取得して今よりも働ける稼働年齢層の人々、教育費や学費さえ無償になれば大学で学べる学生や大学に入り直せる社会人……　日本では社会保障給付が足りないために、ＢＩ論などの現金給付のイメージしか湧かない。他の福祉国家との比較やその周知も十分ではないため、社会保障給付がどのような形で行われているのか等の、国民的な議論も不十分である。

ＢＩが人々に夢をみさせ、他の福祉国家が努力して積み重ねてきた作業を停滞させることになってはいけない。社会共通資本、社会資源の開発・整備は権利要求に裏づけられている。ＢＩを宗教的、空想的とも述べてきたのも、福祉国家すら実現できていない私たちならば、ＢＩによって貧困は解決できない、という警告でもある。

日本は公営住宅など必要な社会資源の整備が遅れた国である。ＢＩを望むよりも目の前の公営住宅に入れるように行政に働きかけをしてほしい。

住宅に限らず、現物給付で補償すべき領域への商品化が止まらない。塾業界も公教育を削減しながら、巧みに教育市場の開放を進めている。貨幣がなければ十分な教育を受けられない社会に変容している。税や保険料を払っているにもかかわらず、社会保障サービスが弱い。権利要求がされなければ、今後も力の強い資本側の意向で市場原理による社会運営は続いていくだろう。現金をいくら支給しても、市場でサービスを購入する前提であれば、資源として不足は続いていく。

曖昧なＢＩ論に終始し、子孫へ残すべき社会共通資本を整備することを諦めた社会、あるいは市場原理主義の加速に私たちは身を委ねたままでいいのだろうか。議論することと同時に権利要求を支える行動にも出てほしい。一方で、ＢＩ論は大局的に社会を構想する際には意味があると思っている。ＢＩ論は、社会保障のあり方、生の保障のあり方、福祉国家のあり方、権利要求や社会運動のあるべき姿など、多くの語る材料を提供してくれる。ＢＩ論では、その実現よりも、社会を議論する際の潤滑油として作用してほしいと願っている。

第3章

ベーシックインカムはジェンダー平等の切り札か

■「癒しの道具」にさせないために

【竹信三恵子】

はじめに

ベーシックインカム（以下、ＢＩ）待望論を、女性たちから聞くことが増えている。背景にあると考えられるのは２つの壁だ。まず、「家族による包摂」が揺らぎ、潜在化していた女性の貧困がむき出しの形で現れ始めたことがある。さらにこれを乗り越えようと労働市場への参加をめざしても、女性労働の世界では、男性以上に経済的自立が難しい劣悪な働き方が席巻している。

低賃金の非正規はいまや、働く女性の半数を超えた。「勝ち組」とみられてきた正社員の世界でさえ安心とはいえない。２００８年に大手居酒屋チェーン「和民」で当時26歳の女性社員が、２０１５年には電通で24歳の女性社員が過労自死し、２０１３年にはＮＨＫの31歳の女性記者が過労死して、いずれも労災認定を受けている。そんななかで、「働いて経済的自立を獲得すること」への失望感は高まっている。加えて、２００１年に始まった「小泉構造改革」以降の社会保障費削減で、生活扶助や公共サービス（現物支給）による支えも不足している。それらが、「すべての人が生活に必要な所得を無条件で得る権利」としてのＢＩへの女性たちの期待を、これまでになく高めているのではないだろうか。

だが、ＢＩは本当にジェンダー差別を解消し、女性の自立を実現する切り札となるのだろうか。本稿では、日本の土壌のなかでのその危うさと可能性とを検証してみたい。

1　ベーシックインカムはなぜ女性たちの期待を集めるのか

無償労働と雇用劣化

ここではまず、日本という社会のなかで、女性たちがどのようにＢＩ的なものに惹かれてきたのかを、ごく私的な体験から紹介してみよう。

筆者がＢＩという概念に初めて出会ったのは１９９０年代の半ばだ。新聞記者だった当時、「神奈川ネットワーク運動」の「アンペイドワーク（無償労働）」の研究会に参加した。「神奈川ネットワーク運動」は、生活クラブ生協の組合員の女性たちが中心になり、暮らしの場から政治に取り組もうと設立した地域政党だ。研究会は、「雇い、雇われるという抑圧的な働き方」ではなく、対等なメンバーによって、家事や地域活動といった無償だが価値のある労働を評価させつつ、環境や暮らしを破壊しない「新しい働き方」をつくることをがテーマになっていた。そこでの参考資料のひとつに、オランダでの「市民賃金」について触れているものがあった。家事などの社会に有用とされる無償労働だけでなく、「市民が生きていること自体の価値に対し賃労働に従事していなくても一律に金銭支給を行う」という考え方が、そこに述べられていた。今でいうＢＩである。勉強会のメンバーのなかにはこの発想に関心をもち、「市民賃金」があれば、夫に依存せず、同時に会社の「疎外労働」を強制されることなく生きることができ、自らの時間を地域活動という無償でも有用な労働に利用できる、と期待する声があった。

こうした研究会に関心をもったのは、シングルマザーの母が、家事・育児と賃労働の二重負担に悩む姿を見続けてきたからだ。そして、その娘である私自身も当時、新聞社の記者としての長時間労働のなかで、同じ二重負担に悩まされていた。妻の無償労働の上に立って「24時間闘ってこそ記者だ」と誇る周囲の男性たちが、子どもの病気で休もうとするたびに「だから女は使えないんだ」という言葉を投げつけてくる。膨大な質量があるのに存在しないかのように扱われる見えない無償労働の束が、私たち母娘二代を押しつぶしてきたように思えた。経済部記者として他の業界を見回しても、そのような職場で働き続けることができず、働くことをあきらめたり、パート労働に移ったりしていく女性たちは多かった。「男性並みの長時間労働＋無償の家庭内労働」という過重労働か、「低賃金で不安定なパート労働」か、という不毛の二者択一を迫られる女性たちが、「新しい働き方」や「市民賃金」に関心を抱くのは、ある意味、当然のことだった。

こうした議論は女性のあいだで何度も浮上している。男女雇用機会均等法が制定された１９８０年代には、女性史研究家の加納実紀代が「社縁から総撤退を」と唱えて話題を呼んだ。均等法は女性たちを労働市場へ引き出したが、その多くは低賃金の非正規労働に流し込まれていった。そうした女性たちに対し、「社縁社会」の疎外労働から撤退して、「使用価値」(「貨幣で何円という形で値段をつけることはできないけれども、人の基本的生存にとって意味があるというそういう価値」)をつくり出そうと加納は呼びかけた。これに対し、江原由美子は、なぜ「女性の総撤退」のみで「男性の総撤退」はないのか、と疑問を投げかけ、「総撤退」だけでは結果として「女は職場で重要な仕事をしていない」「女は仕事に対して男性よりも熱意がない」「女は経済的な報酬を男よりも必要としない」という偏見を追認することにならないかと問題提起した。

だが、その後の女性を取り巻く状況は、さらに深刻さを増していく。

１９９０年代後半以降の相次ぐ労働の規制緩和によって、女性労働の多くは不安定な派遣労働や契約社員に置き換えられていった。１９８７年の国鉄民営化による国労(国鉄労働組合)の解体などを経て、女性労働運動の一応の核となってきた官公庁系の労働組合が影響力を落とし、２００３年には労働組合の組織率も2割を切る。２００５年時点で図３－１のように、女性の過半数は非正規労働者となり、やがて男性にも非正規は波及して、雇用は男女ともに

図３－１　雇用形態別にみた役員を除く雇用者の構成割合の推移（男女別）

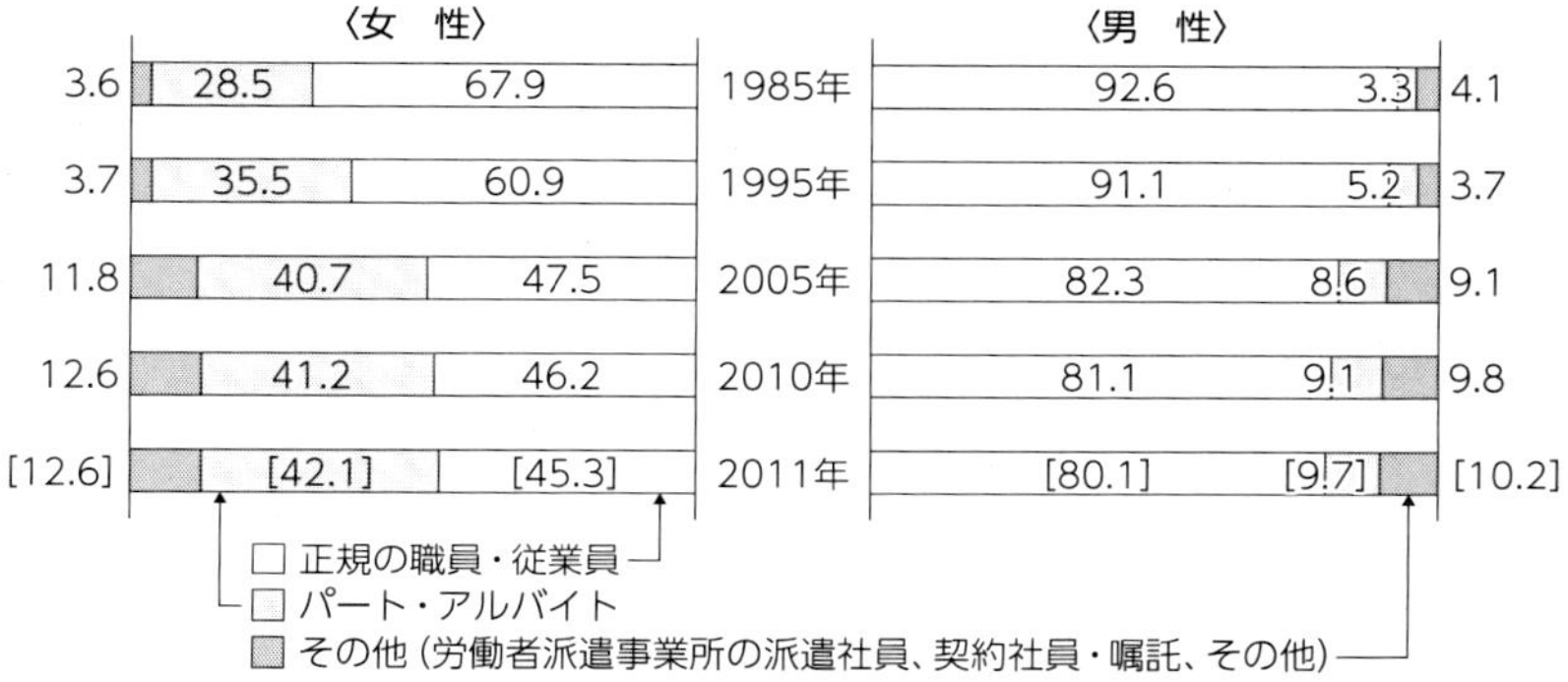

注：①1985年と1995年は，総務庁「労働力調査特別調査」（各年２月）より，2005年以降は総務省「労働力調査（詳細集計）」（年平均）より作成。
②2011年の［　］内の割合は，岩手県，宮城県および福島県を除く全国の結果。
出典：内閣府男女共同参画局編『平成24年版男女共同参画白書』。

図３－２　女性は正規でも低所得が多い

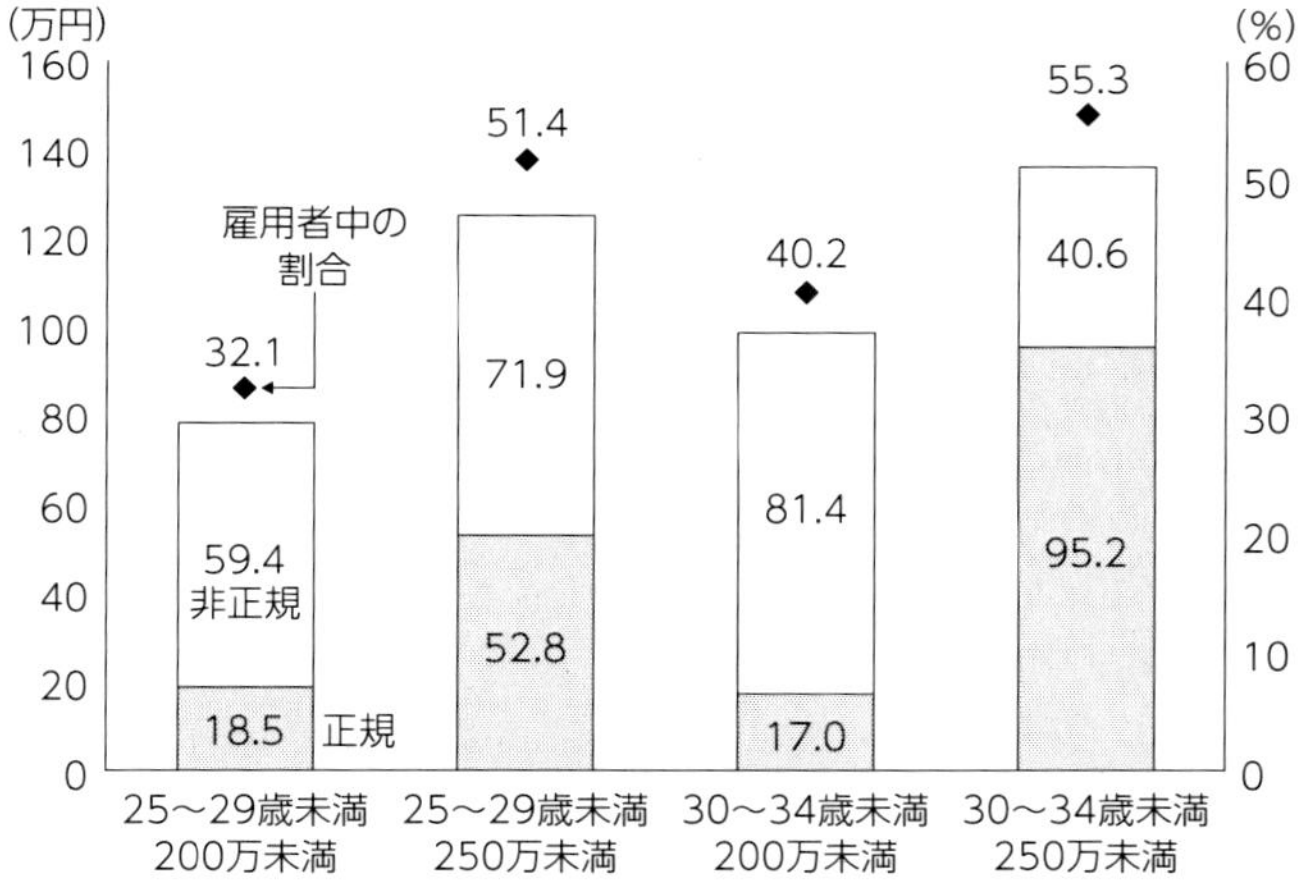

出典：後藤道夫（2017）「「相対的貧困率」の改善と貧困の拡大・深化―子育て世帯を中心に」『POSSE』36号。

不安定化していく。「総撤退論」の背景に想定されていた夫の経済力は、もはや期待できない。「小泉構造改革」が、これに追い打ちをかけていく。

こうしたなかで、2011年には『朝日新聞』(12月8日付)が、稼働世代の単身女性の3人に1人が貧困ライン以下とする社会問題・人口問題研究所の調査を掲載し、「女性の貧困」が脚光を浴びる。後藤道夫は、2017年の「就業構造基本統計調査」から年収200万円未満、250万円未満という低所得の女性は25～34歳の働き盛りでも多数を占め、正社員も必ずしも例外ではない(図3-2)ことを指摘している。女性は正社員であっても、過労死のリスクばかりか経済的なリスクを抱えることが少なくないということだ。

そんななかで、「総撤退論」は今、新しい形をとって女性を覆い始めている。

2009年に開かれた「働く女性の全国センター」の総会では、アーチスト、いちむらみさこが、日本の職場について「女性が働こうとする際に、暴力が常に伴い、今もそれが続いている」「セクシュアル・ハラスメント、賃金の不均衡、妊娠にともない働く現場から排除されること……その暴力が消えぬままに、さらにはこの現状では『労働』や『就労』そのものが『暴力』となっている」「働くのが怖い。働かないっていうのもあっていいんじゃないか」(栗田隆子の同総会をめぐるレジュメ「女性にとって生きること、働くこと」から)と問題提起した。

2000年代初めに埼玉県内で開かれた女性労働についての講演会では、「専業主婦」だという女性が挙手して、こう質問した。「女性が働きにくい仕組みを変えようとかごちゃごちゃ言っているが、なぜそこまでして働かなくてはならないのか。我が家は夫が労働災害にあい、一家は労災保険で生活している。そのように、お札をじゃんじゃん刷ってみんなにお金を配ればすむことでしょう」。

「夫の経済力」が弱体化し、DVやセクハラが顕在化して働くことへの希望が減退し、社会保障削減によって教育や福祉の現物サービスも絞られた今、「総撤退」を支えるための「社会からの現金による支え」としてのBI的なものへの希求は、女性のあいだで、かつてよりさらに切迫したものになりつつある。

性差別的な資力調査の影

女性たちのBIへの欲求は、このような、働いても経済的自立が難しい労働市場の問題点に加え、生活保護などの受給条件を満たしているかを調査する「ミーンズテスト（資産調査）」の性差別性によっても強められている。

シングルマザーの桐田史恵は、児童扶養手当を支えに生きてきた自身の生活を振り返り、「『シングルマザー』を名乗り『母子家庭』というカテゴリーを引き受けて、『大変です』『これだけ我慢してます』『必要です』と言わされてきている」現行の社会保障制度の抑圧性を批判する。そして、特定の「暮らし方・生き方モデル」を満たさなければ支給されない現行の制度ではなく、「無条件に」支給されるBIによって、生き方の選択の自由を保障することを求めるものだ。

このようなBIへの女性たちの思い入れは、日本だけのものではない。山森亮は、1968年に暗殺されたアメリカの人権活動家、キング牧師がBIを求める運動を主張していたことにふれ、その背景に貧しい黒人のシングルマザーたちによる、公的扶助制度「AFDC」への反対運動と対案としてのBI要求があったことを紹介している。ここでは、こうした女性たちが、受給者の条件を満たすために性生活を監視され、中絶手術も受け入れなければならない現実に直面していたことが指摘されている。その一人である黒人のシングルマザー、ジョニー・ティルモンらは、このような女性に対する抑圧的な性的規範に沿った選別に対し、「援助を必要とする貧しい人々」になら誰でも、「必要と家族規模だけに応じて支払われる」「適切な保証所得」を支給するよう求める。さらに、1966年、「全国福祉権団体」（NWRO）を結成し、女性と子どもたちを中心に「まともな福祉」を求める10日間の行進を行う。それらがキング牧師のBI運動につながったという。

イギリスでも1960年代後半から、女性のライフスタイルに対する厳しい「資産調査」を条件とする公的扶助に対し、「家事をしているかどうか」が問われる家事労働への賃金ではなく、児童手当のように、支援を必要としている人々に無条件に支給されるBI運動が広がった、と山森は述べる。

共通するのは、賃労働に従事していることに過大な価値をおき、こうした分野から排除されがちな女性の生の価値を無視する抑圧的な社会への怒りだ。そうしたなかで現行の福祉は、「女性は夫に扶養されるもの」を強要し、男性による扶養がないかどうかなどのライフスタイルの監視や女性規範の押しつけと引き換えに、生活扶助などの支給を認める。これらに対し、①性別や人種、労働市場での活動などに関係なく、②受け取った人が自由に使える金銭の形での支給としてのBIが求められることになる。

「フェミニスト・シチズンシップ」

こうしたBIの優位性を、「フェミニスト・シチズンシップ」（男性中心の市民権に対置されるフェミニスト的な市民権）やジェンダー平等、女性の貧困解決に役立つとして評価するのが堅田香緒里だ。

堅田は、ジェンダー平等のためのアプローチとして、女性が男性並みの稼ぎ手となることによる「総稼ぎ手モデル」、家族内の労働への評価の引き上げを通じてその価値を引き上げる「ケア提供者対等モデル」、男女ともにケアと賃労働を引き受ける「総ケア提供者モデル」というナンシー・フレイザーのモデルを引用する。さらにエスピン＝アンデルセンの「脱商品化」「脱家族化」という2つの人間解放へ向けた概念を通じ、それぞれが女性の市民権にどのように有効かを検討する。そのうえで、BIを用いた「もう一つのフェミニスト・シチズンシップ」を4つ目として提案している（表3－1）。

堅田はエスピン＝アンデルセンの「脱商品化」について、「市民が市場に依存することなくその生を営むことがで

表3－1　シティズンシップの4類型

シティズンシップ	政策モデル（Fraser, N. 1996＝2003参照）		適合的な政策
ジェンダー中立的シティズンシップ	総稼ぎ手モデル Citizen-worker ベース	脱ジェンダー化された Citizen-worker モデル ……女性の雇用の促進（女に男を模倣させる）	保険 扶助
ジェンダー差異的シティズンシップ	ケア提供者対等モデル Citizen-worker ベース Citizen-caregiver ベース	ジェンダー化された Citizen-worker モデル，Citizen-caregiver モデル ……女性のケア労働を支援（男女の性分業維持）	ケア提供者手当参加所得
ジェンダー包括的シティズンシップ	総ケア提供者モデル Citizen-caregiver ベース	脱ジェンダー化された Citizen-caregiver モデル ……男性のケア労働を支援（男に女を模倣させる）	ケア提供者手当参加所得
もう1つのフェミニスト・シティズンシップ	Citizen ベース	脱ジェンダー化された Citizen モデル	BI

出典：堅田（2009）。

きる程度」と定義する。人間はこれを通じて商品化という疎外労働から解放される。ただ、女性は家庭内の無償労働に追われて労働市場から現金を得にくく、「商品化」自体が阻まれている。そのような家族に閉じ込められる女性の解放には、「脱家族化」（市民が家族に依存することなくその生を営むことができる程度）が必要となる。

この2つの概念から考えると、「総稼ぎ手モデル」は、女性も賃金を得ることで「脱家族化」はできるが「脱商品化」は難しい。「ケア提供者対等モデル」は「脱商品化」はできても、家庭内の女性のケア労働に手当を支給することで女性を家庭内に押しとどめるおそれがあり、「脱家族化」はされない。「総ケア提供者モデル」は、脱商品化も脱家族化も達成する可能性はあるが、眼目はケアと賃労働の男女の不均衡の是正にある、と堅田は述べる。

3つはどれも、賃金労働者とケア提供者のみを想定したものだ。現在増えている失業中のシングル女性のような存在は含まれない。一方、BIを生かした「もう一つのフェミニスト・シチズンシップ」は次の3つの点でより広いフェミニスト・シチズンシップをもたらすとする。すなわち、①労働を等閑視するBIは、労働者の地位を相対化するため、これまで労働者の地位から排除・周辺化されてきた女の地位を相対的に引き上げる。②これに関連して、一般に女に配分されがちだったパートタイム労働と、一般に男に配分されがちだったフルタイム労働との分断も弱体化するため、労働市場における男女平等を促進しうる。③BIは個人単位の給付であるため、女性への夫を経由しない自立的な所得保障ともなりうる。

ただし、それが実現されるかどうかは、BIの額が女性の相対的な地位の向上に見合うだけの水準に達しているかどうかや、育児サービス、諸手当、性差別禁止に関する様々な政策との組み合わせによる、とも述べている。

2　ベーシックインカムがジェンダー平等を損なうシナリオ

ジェンダー平等への両義的な効果

前節では、男性雇用の脆弱化と女性の低賃金労働化のなかでの「女性の貧困」への注目、それを補うはずの社会保障の削減と、その性差別的な「資産調査」のあり方などが、女性たちのあいだでBIへの待望感を高めていることについて述べてきた。堅田は、そうしたBIの強みを生かし、ジェンダー平等と女性の貧困を解決する手段としてのBIの導入を提案した。だが、このシナリオの実現には、堅田も述べているように、BI以外の政策との組み合わせが必要で、それなしでは逆の効果に陥る場合もありうる。この節では、そうした逆効果の可能性を、トニー・フィッツパトリックの論などから考えてみたい。

フィッツパトリックはＢＩを「毎週ないし毎月、すべての男性・女性・子どもに対して、市民権に基づく個人の権利として、すなわち職業上の地位、職歴、求職の意思、婚姻上の地位とは無関係に、無条件で支払われる所得のことである」と定義する。端的にいえばＢＩは「無条件の現金給付」という単純な要件をもつだけであり、それが「どのような特性、意義、効果をもつかは、ＢＩの実現されるイデオロギー的社会環境がどのような性質をもっているかによって異なってくる」というのである。そのうえで、フィッツパトリックは、「急進右派」「福祉集合主義」「社会主義」「フェミニズム」「エコロジズム」の5つのイデオロギー類型ごとに、ＢＩの違いを整理している。

このうち、フェミニズムにとってのＢＩについての考察で、フィッツパトリックはまず、ＢＩがジェンダー平等にプラス効果をもつ、とする論として、次のようなものを挙げる。すなわち、ＢＩは外で働くか働かないか、労働市場での賃金が高いか低いかを問わずに支給される点で、家庭内の無償労働や低賃金労働に従事する女性の経済的自立を助ける。また、家庭内で無償のケア労働を割り振られている女性に現金支給を行うことでケア労働の価値を高めて性別役割分業に異議を唱える。さらにパートタイムの仕事を現金支給で割の合うようなものにすることで、男性はフルタイム、女性はパートといった職業上の分離にも異議を唱える。そして、一律の支給という特性を通じて、既存の社会保障給付が官僚の判断に左右され、「資産調査」などで問題にされた性差別的な給付条件を押しつけてくることを正す。

だが同時にフィッツパトリックが挙げるのは、ＢＩのジェンダー平等に対する以下のようなマイナス効果論だ。ＢＩは現金を支給することで労働への依存度が減り、「脱商品化」には効果はあるかもしれないが、現金の支給が女性の家族からの自由を保障するとは限らない。性別役割分業が根強い家父長的な社会で導入されれば、むしろ、女性を家族に固定化して「脱家族化」を阻む機能を発揮するおそれさえある、という論だ。例えば、ＢＩによってパートでも生活が支えられるようになり、労働時間が短縮された場合、男性はその時間を利用して趣味や社会活動に乗り出し、女性はそれを支えるため増えた労働外の時間を家庭内の仕事に費やす、というシナリオだ。つまり、男性はこれまで以上に女性の家庭内労働にただ乗りし、女性は相変わらず家庭外での発言や活動の機会を与えられない、という構図がそこに展開する。

また、こうして女性が外で働く時間を短縮して家庭に戻ると、職場の空いた場所に、女性より「稼ごう」とする動機が強い男性たちが入り込む。これによって、男性は労働市場、女性は家庭内労働、という従来の男女の分離はさらに激しくなる事態も起きかねない。さらに、ＢＩによって所得が増えることで、それまで非課税だった低賃金労働者の多くが課税対象者になれば、増税を嫌って労働市場から退出する働き手も出る。その場合、低賃金労働者の多くは女性だから、女性はますます労働市場でのプレゼンスが下がることにもなりかねない。また、賃下げを狙う新自由主義的な政策のもとでは、ＢＩがあるから安くても不安定な仕事でも大丈夫、として質の悪い細切れ雇用が多数つくられるおそれもある。特に女性は、「夫の扶養下にあるから質の悪い雇用でも問題が少ない」という社会意識のもとで、こうした仕事を割り振られやすい。つまり、状況によっては、ＢＩは家庭内のジェンダー平等を損ない、労働市場での男女の分離も促すことにもなりかねないことになる。

「急進右派」のBIとジェンダー

フィッツパトリックの類型のなかの「急進右派」のＢＩは、こうしたジェンダー平等への負の効果を、最も起こしやすい土壌をつくりだす。すべてを市場に委ね、それによって人々が負う傷は家族が自己責任で穴埋めすると主張するのが「急進右派」だが、そのなかにもＢＩ推進派はいる。「市場の調整」を重視し、市場価格に合わせた賃金をよしとする急進右派にとって、「市場の実勢」に合わせて賃金を下げる自由が手に入るという意味で、ＢＩは役立つからだ。「自由市場という文脈のなかでは、ＢＩは、個人は自分の好きなことをしてよいが、自分の責任は引き受けるよう要求する」というわけだ。

フィッツパトリックが例として挙げるのは、週１００ポンドの失業給付を受けている労働者のケースだ。仮に市場での賃金水準が時給3ポンドだとすると、これでは週40時間働いても１２０ポンドにしかならない。交通費や保育費用を考慮すると働かずに失業給付１００ポンドを受け続けた方が経済的には有利となるから、もっと高い時給でないと働きに出る意味がなくなる。一方、一律週50ポンドのＢＩが支給された場合、時給3ポンドで週40時間働けば週の収入は１７０ポンドになり、働きに出るインセンティブは高まる。ＢＩが賃金の下支えとなって、雇用主は低コストでも喜んで働く労働力が手に入ることになる。

このような形でＢＩが導入されると、労働組合などによる賃下げへの歯止めの恩恵を受けにくく、市場実勢で賃金を支払われることが多い非正規労働者の賃金は下がりやすくなる。２０１８年現在、日本の働く女性の56％は非正規労働者だ。「急進右派」のＢＩは、働く女性の過半数を占める非正規労働者の賃金水準を引き下げる可能性が高い。しかも、ＢＩを支えるのは税金だ。特に日本のように、低所得者に厳しい消費税の比率が年々上昇している社会で、低所得の女性たちが払った税がＢＩを通じて企業の低賃金政策を助ける、という皮肉な循環さえ生み出しかねない。

3　「日本的土壌」でのベーシックインカムの危うさ

前門の新自由主義、後門の新保守主義

前節は、ジェンダー平等に対してＢＩがマイナス効果をもたらす場合の条件について述べてきた。そこからは、日本のジェンダー平等とＢＩを考えるうえで、「急進右派のＢＩ」についての検討がきわめて重要であることがみえてくる。

2018年の水道民営化法の成立にもみられるように、日本では国民の生活を市場原理に委ねるための規制緩和策が急ピッチで進められてきた。これらは政権の中枢が新自由主義的な発想の政治家や経済人などで占められていることを示している。また、性別役割分業や女性の家族への奉仕を求めて憲法24条（家庭内の男女平等を規定）の改定などをめざす、新保守主義的な思想の持ち主も、意思決定機関に強い影響を及ぼし続けている。日本社会は今、すべてを市場に委ね、それによって人々が負う傷は女性の奉仕を基礎にした家族の自己責任で穴埋めするものとする「急進右派」が政策を支配する社会といっても過言ではない。私たちは、前門の新自由主義、後門の新保守主義のさなかでBIを導入することになる、という事実を忘れてはならない。

実業家、堀江貴文（2009）は、そのような日本の「急進右派的ＢＩ」の特徴を、以下の傍点部分のように端的に表現している。「ベーシックインカムがあれば、解雇もやりやすいだろう。そもそも多くの企業で不況時は無理やり仕事をつくって、雇用を維持して赤字になっている。」「なんだか、給料払うために社会全体で無駄な仕事をつくっているだけなんじゃないかって思ってきたの。で、多くの人は労働信仰に支配されて嫌々働いているんじゃないかと。だったら、政府から金もらって好きなことやってればいいじゃん。私みたいなワーカホリックは放っておいても働くよ。むしろ雇用を創出したりとややこしいことを考えなくて済む分、便利なものとか新しい事業とかを立ち上げる事に集中できて生産性があがるじゃないかな。」「企業は、雇っているだけで赤字を垂れ流す人員を継続雇用しなくてよくなるから、利益率が高まる。」「公務員の首も切りやすくなるだろう。」「一人より二人、二人より三人のほうが住居費をシェアできるから、家族をつくる方向に向かいやすくなる。だから出生率は上がりやすくなる。」

ここでは、ＢＩが「個人当たりの支給」なので、「子供つくればつくるほど収入が増えるから少子化対策になる」とも語られる。雇用が保障されないなか、女性は住居費のために男性と住むことを余儀なくされ、子どもを多数産むことを収入源とするディストピアともいえる世界だ。ジェンダー平等の基礎となる「脱商品化」も「脱家族化」も、そこにはない。

また、支給額は「日本国民に月8万円払うとしたらざっと月10兆円。年間で120兆円必要」とされ、財源は「120兆配って消費税率を20%くらいに上げると日本のGDPの内需部分が300兆円くらいあるとして、300×20%＝60兆。プラス無駄な公共事業を減らし、年金・生活保護・その他補助金をやめてベーシックインカムに統合」するという構想が示される。こうした枠組みでは公的保育園のための予算も削られ、女性は自分のリスクで、企業が販売する保育サービスを調達することを求められかねない。

周燕飛（2012）によれば、2011年には、夫の賃金が貧困ライン以下の低さであるにもかかわらず、外で働けない「貧困専業主婦」は、19歳以下の子どものいる専業主婦世帯の12%にのぼる。外で働いても低賃金のパートしかなく、良質で安価な保育サービスが足りないため保育費用を払いきれず、家庭内にとどまらざるをえないからだ。保育施設などの現物サービスを削減して、これを低水準の現金支給に振り向けるという堀江流のBIでは、こうした世帯はさらに増えかねない。

こうしたBI論について、本来のBIを歪めている、との批判もあるかもしれない。だが、「すべての人が生活に必要な所得を無条件で得る権利」という定義からすれば、このような論が出てくることは可能だ。フィッツパトリックが指摘する「BIが導入される社会経済的環境」の重要性を示すわかりやすい例といえるだろう。

公共サービス削減の応援団

堀江の主張するような公務員や公共サービス削減の応援団としてのBI論は、日本でのBI論では見過ごせない一角を占めている。公務員削減というと、「ふんぞりかえったエリート高級官僚を減らす」イメージを描く人は多く、女性も含め、一般の支持を得やすい。だが、公務員の大多数は、教員、保育士といった、住民に対する身近な公的サービスを担う人々だ。先に述べた「小泉構造改革」以来の「小さな政府」をめざして公務が縮小された結果、家庭の女性の負担を軽くするこうした身近な公務サービスの担い手の多くが低賃金不安定雇用の非正規公務員となり、しかも、その4分の3を女性が占めている（2016年実施の総務省調査）。前田健太郎（2014）は、公務員の数が先進国のなかではきわめて少ない日本の現状について、「公共部門での安定的な雇用を通じて社会進出を果たすことができるはずの女性などの社会的弱者の利害にも反する」と指摘している。「小さな政府」の自己目的化は、女性が働いて経済力をつけるために不可欠な安価で良質な公的サービスの質の充実を妨げ、同時に、女性が担う公務職の非正規化によって、女性の所得を引き下げてきた。

ジェンダー平等に不可欠な「脱家族化」をめざすなら、BI財源として、女性が家庭で行っている無償の労働を支える公的福祉サービスの担い手である一線の公務員の人件費削減を進めるより、福祉サービスへの財源確保が必要だ。だが、国会議員の女性比率が193か国中161位（列国議会同盟2018年9月1日現在調べ）と男性が意思決定層の圧倒的多数を占める日本では、そうした視点は「無駄な公共サービスを減らせ」の大合唱にかき消されがちだ。

実際、民主党政権時代の「子ども手当」は当初、配偶者控除などの女性を家庭に引き留める制度を撤廃した財源で、親の所得にかかわらず各家庭の子どもに一律に手当を支給する、部分的BIをめざした案だった。ところが、野党だった自民党・公明党の要求で財源不足を理由に収入制限が導入され、中途半端に終わった。このときには、有権者から、女性の働きやすさをめざすなら「手当」より保育園という現物サービスの整備を、という声も上がった。現金給付だけ増やしても、購入できる現物サービス自体が少なければ、買い手が増えてサービスが高騰し現金給付の増加分が吸収されてしまったりしかねない。そもそも現金があっても、それで買えるサービスがなければ始まらないからだ。

その後に生まれた第二次安倍政権下では、2016年に「（家庭教育は、父母その他の保護者が）子育てに伴う喜びを実感できるよう配慮して行われなければならない」という文言を盛り込んだ「家庭教育支援法案」が、自民党によって取りまとめられた。「官製婚活」と呼ばれる行政肝いりの結婚推進政策も全国の自治体で進められている。国家が子育てや「結婚」を通じた出産へ向け、女性に圧力を加えていく動きは従来からあったが、それがこの間、さらに強まっている。

このようななかでＢＩが仮に導入されれば、「ＢＩは無条件の支給であって、女性による介護の対価ではない」という原則論は通用しなくなるおそれもある。「女性は現金支給をされているのだから家庭にとどまって介護ができるはず」という社会的圧力に押し流されてしまう事態がありうるからだ。日本とは、第3節で触れたジェンダー平等にマイナス効果をもたらすＢＩが生まれる諸条件が、かなりそろった社会なのである。

4　ジェンダー平等を促すベーシックインカムのために

2つの懸念

これまでの節では、女性の間にＢＩ的なものを求める動きが強まっていること、ただし、ＢＩはそれが導入される社会的な諸条件によって、むしろジェンダー平等に逆行しかねない作用を引き起こす場合があること、そして、日本はそうした逆行を引き起こす諸条件が少なからずそろった社会であることを述べてきた。最後の本節では、こうした構図のなかでジェンダー平等を促すＢＩを実現するには、何が必要なのかを考えていきたい。

ジェンダー平等へ向けたＢＩ導入については、「急進右派」的な勢力の存在による逆行的なＢＩの登場だけでなく、女性のあいだのＢＩ待望論のあり方自体についての懸念もある。

ＢＩがジェンダー平等にプラスに働くための条件としては、第1節で述べたように、堅田も「女性の相対的な地位の向上に見合うだけの水準の額」や「育児サービス、諸手当、性差別禁止に関するさまざまな政策」などの「BI以外の政策」との組み合わせの必要性を指摘している。だが、日本の現実の政治力学をみると、「急進右派」が根強く存在し、最近、その影響力はさらに増している。こうしたなかでは、「BI以外の政策」を強く求めていく女性たちのネットワークの強化は必須となる。それなしでは、第3節でも述べたように、BIの導入との引き換えを口実に、社会保障水準そのものが引き下げられるおそれさえあるからだ。そうした土壌への警戒を怠り、BIがすべての問題を解決するかのような言説が流布すれば、女性たちのBI待望論は、ジェンダー平等に逆行する「社会保障削減」へ向けたBI推進へと回収されてしまう。それが1つ目の懸念だ。

2つ目の懸念は、女性のBIへの関心の高まりの背景に、第1節の埼玉の女性の例にもみられたような、働き方や社会保障を求める社会運動などについて「ごちゃごちゃ言うこと」への疲労感と閉塞感があるのではないかという点だ。そんななかで、BIは面倒な「社会運動」を飛ばして変革ができるかのような幻想を紡ぎ出しかねない。

従来のジェンダー平等へ向けた社会運動は、「女性労働組合の結成や女性運動ネットワークの形成→働き方をめぐる仕組みを変える→男女の賃金格差が縮まる→女性の経済力と地位の相対的向上→ジェンダー平等」という流れでイメージされていた。一方、BIによるジェンダー平等は、「BIの支給→女性の経済力と地位の相対的向上→ジェンダー平等」として、前段の運動の主体形成の部分が省かれ、BIの導入から始まっているようにみえることが少なくない。私たちは、脱工業化とグローバル化のなかで、労働組合や主婦団体といったかつての中間的な組織を解体され、個人としてバラバラに切り離されている。そうしたなかで、「うっとおしくて疲れる、無力な社会運動」を経なくても、BI支給という「見えざる手」がなんとかしてくれる、という漠然とした思いが、BI人気の影にあるのではないか。

「働くのが怖い」と女性たちに言わせるほどの労働の劣化ぶりと貧困化、それらに対抗する組織の不在が、「変える運動などしている余裕などない」という切羽詰まった思いを生み、BIがあれば、そんな労働現場を避けて通れるのではないか、という思いへと女性たちを向かわせる。だが、それなら、ジェンダー平等のためのBIの条件とされる「地位の向上に見合うだけのBIの水準」や「様々な政策」は、誰が、どのように実現させるのか。BI論に、そのシナリオはあるのか。

終着点としてのBI

BIは、女性運動・社会運動の組織化という「疲れる」段階をスキップできる「癒し」の制度ではない。必要なことは、どんな形のBIを政策のどこに入れ込むのか（または、BIでなく、現物サービスの方が適切なのか）を明確化し、そこへ向けて女性を組織化していくことだ。

第2節で述べたような「急進右派的BI」による非正規労働者の賃金の値崩れを防ぐためには、生活できる賃金の下限としての最低賃金の引き上げ運動に女性たちがより積極的に参加していくことが不可欠だ。また、BIが、女性が家庭に固定化されることの言い訳に使われないよう、労働に参加できる機会の均等、同一価値労働同一賃金へ向けた法律の整備によって、労働市場内での平等を確保しつつ、その上に立って、市場が評価できない「生存に対する賃金」を求めていく運動を繰り広げる、といった営みが必要ということになる。

また、BIを支える財源が、低所得者に厳しい消費税の引き上げのみを通じて賄われるようなことが起きれば、低所得層の女性たちはこれを下支えする税金を自らの乏しい賃金からさらに支払わされることになる。つまり、どんな税制によってBIを支えるのか、といった税の面からの検討も必要になる。さらに、女性たちが現金給付を受けるだけでなく、女性たちが購入できるだけの質量を備えた育児関連サービスを整えることも必要だ。現金とサービスの両方に、公的資金を移動させる要求が必要ということになる。加えて、ケア労働にかける時間を織り込んだ労働時間の短縮によって、女性だけがケアのためにフルタイムの仕事に就けないような枠組みを正しておくことも必要だ。

例えば野村史子は、「有償ボランティア」として「やりがいを搾取」される女性たちについて、「生きにくい社会をなんとか変革しようとすればするほどNPOは貧乏になり、NPOの活動家も貧乏になる。膨大な女のただ働き労働と身をすり減らす労働に支えられて、かろうじて日本のNPOは維持されているといっても過言ではないだろう」と述べ、こうした現実に対し、BIという考え方を真剣に議論する必要があると訴える。だが、このような活動が無償の女性労働に投げ込まれていったのは、利益になりにくいからこそ税金で支えるはずだった公共サービス予算が、「財政赤字を正す」として「構造改革」の過程で一段と削り取られていったことが大きい。とすれば、ここでは、BIの導入運動以前に（または並行して）、財政政策そのものを変えていく公務労働運動との連携が先決ではないのか。

また、第1節でも引用したシングルマザーの桐田史恵は、金銭だけ保障されても現物サービスがなければ意味がないとするBI反対論に対し、「私のベーシックインカム要求は、何より『暮らし方、生き方にモデルはいらない』という主張である」とする。現物サービスには行政が「女性はこうあるべき」という押しつけが紛れ込んでいる。一方、BIのような金銭支給は、そうした押しつけからの自由を保障するというのだ。

ただ、こうした痛切な思いを、「急進右派」は回収し、「生き方を押しつける官僚制度を撤廃する」として、公的福祉そのものの削減に利用していく。その手口に対抗するには、女性が生きやすい「現物サービス」を求める運動や、あるべき家庭像を押しつけようとする「家庭教育支援法」や憲法24条改定への反対が必要になる。ジェンダー視点のBIにたどりつくには、BIには一見無縁な、システム全体の転換へ向けて、労働運動や反改憲運動など多様なグループと連携しつつ、新しい、面としての女性運動・社会運動を再建していくことが不可欠なのだ。

現行の社会保障制度は、「女性を夫に扶養される存在とし、その枠からこぼれた場合にのみ支援する」といった枠組みや、支援される女性がそうした枠に従順に従っているかで線引きをするという性差別的な部分を多数はらんでいる。ＢＩは、「無条件の支給」を打ち出すことで、その歪みを浮かび上がらせる。また、「労働市場から切り離した支給」という点で、労働市場内の序列に従って社会保障制度が決まってしまう仕組み（例えば、正社員の上級管理職だった働き手なら年金が高いが、女性パートで夫の扶養に入らなかった女性は低いなど）の不合理性も照らし出す。その意味でＢＩという思想は、現行の制度の矛盾を切り裂く刃物となりうる。その切れ味を生かし、「ＢＩさえあれば……」といった癒しの呪文としてのＢＩではなく、「急進右派」に利用されないＢＩのための社会経済環境づくりへ向けた女性運動の再構築こそが求められている。ＢＩは、出発点ではない。終着点なのだ。

第4章

財政とベーシックインカム

【井手英策】

1　ベーシックインカムの哲学的基礎を問い返す

ベーシックインカム（以下、ＢＩ）論議には、大きな欠点が2つある。1つは、なぜ全員に給付すべきなのか、その理由について理論的、哲学的に考察されてきたとは必ずしも言いづらいことだ。そしてもう1つは、その実現可能性の低さから、財源問題が半ば意図的に回避されていることである。以上を言い換えれば、ＢＩ論議では、その実現可能性がきちんと吟味されないままに、すべての人々に現金を給付することが前提とされ、なぜ全員に配るべきかが十分に検討されないにもかかわらず、人間の自由が保障されるという結果が必然的に導かれているということだ。だが、財源的裏づけや理論的、哲学的な考察を欠いた主張は、願望の表明と紙一重になりかねないだろう。

以上のＢＩ論者が看過しがちな問題に関して、1つの誠実な答えを示している好著がガイ・スタンディング『ベーシックインカムへの道』（2018）である。以下では、同書に最大限の敬意を払いつつも、ベーシックインカムの議論の正当性について財政学者の視点から批判的に吟味していく。

スタンディングは、過去のいくつかの議論に簡単に触れている。だが、ＢＩ論議の哲学的な基礎として重視しているのがトマス・ペインの「土地配分の正義」（1982）である。ペインの議論を要約すると、概略次のようになる。土地はそもそも「人類の共有財産」だった。そして依然としてそうあるべきだとペインはいう。しかし、土地は個人的な所有が認められるようになった。したがって、彼らは保有する土地から「基礎地代（ground-rent）」を共同社会に支払うべきであり、それを財源とする基金をもとに、全国民に対する給付を行うべきだと訴える。

スタンディングはこの主張をもとに「社会配当」の重要性を訴えている。すべての人々の共有財産を一部の人間が不当に独占しているとすれば、そこから得られる収益を広く人々に分配し直すべきだという提案だ。日本のＢＩ論者の多くもこうした発想を共有している。

だが、ここで立ちどころに疑問が浮かぶ。ペインは国民への配当に関して、年齢に応じて受給額に差をつけていた。より正確にいえば、21歳になったすべての人にまず15ポンドを渡し、50歳以上の人たちには年10ポンドを生涯にわたって支給することを提案した。いわば、就労できる世代は、一定程度、自己責任で生きていくこととされていたのであり、その意味で、すべての国民に毎月均一の給付を行うとするＢＩの議論はペインの議論と微妙に違っているのである。

〝みんなのものだからみんなに配当を〟というところから始まりながら、同時に、配当は不均等に行われることの矛盾をどう考えるべきか。こうした理念と制度設計のズレ、それ自体を問題としたいところだが、まずは、制度設計の問題よりも、社会配当の理論的正当性について考えてみたい。共有財産だから全員に基礎地代の分配を行うという議論は一見もっともらしいが、本当にそうなのだろうか。ここで注意したいのは、ペインは土地の個人所有を否定するのではなく、個人所有を認めたうえで、課徴金を設定している点である。

ペインは「個人財産が存在しないところでは、富を取得するということはできない」という。個人所有が認められるから課徴金を設けることが正当化されるという理屈だが、個人所有が正当な理由によるものだとすれば、それへの課徴金は正当化できない。実は、土地はみんなの共有財産だからみんなに還元しようというシンプルな議論と、ペインやスタンディング、あるいはその他のＢＩ論者らが主張するように、個人所有を認めた近代の枠組みを前提としたうえで、人々に負担を求めて再分配を行うという議論との間には、埋めなければならない溝がある。つまり、その所有が正当かどうかというテストを必要とするということである。

そこでここでは、個人所有を正当化し、政府が介入してこれを再分配することに異議申し立てをする人たちの議論をみておきたい。反対の主張をする人たちの主張を無視し、自分にとって都合のよい哲学者の議論をいくら援用しても、説得力は生まれないからだ。政府による個人への介入を否定する代表的論者であるロバート・ノージックが取り上げたジョン・ロックの議論をもとに、この問題を考えてみよう。

ノージックが自らの主張を正当化する際に依拠したのは、ロックの『統治二論』(2010) だった。ロックによれば、私的所有権の発生のカギとなるのは「労働」である。自然が供給し、自然が残しておいたものから何かを取り出す際に、人間は自分の労働を混合し、彼自身のものである何ものかを加えることによって、自分の所有物とする。ポイントは、土地が豊富に存在するなかで、誰かが労働を通じて私的な所有権を設定したところで、それは他者の迷惑になることはない、ということだ。要は、他者にも同じくらい十分に残せるのであれば、外的世界の一部を私的に所有することが認められるということでもある。他の個人に不利益を与えない限りは、占有という行為と他の個人の平等とは両立する。これが、ノージックのいうところの「ロック的但し書き」である。

私的所有権の政府介入に対する優越を説く議論に従えば、ペイン流の「社会配当」論に対して、異なる角度から議論を行う必要が生じる。つまり、ある行為が、他者に対して、明らかな不利益をもたらしていることを証明しなければ、個人の所有権は認められるべきなのであり、したがって不当な財の独占的所有を前提とする社会配当論は成立しないということである。

例えば、税を取り上げてみよう。ペインは土地に議論を限定し、基礎地代の徴収を問題とした。それは、土地の所有・非所有が固定化された富を再生産するという意味で、土地の所有のなかに、他者への利益侵害を見出したからだ。だからこそ「基礎地代」を彼は問題にしたのだ。そうであれば、土地への課税である固定資産税や不動産税が正当化されるのはわかる。だが、所得や消費にかかる様々な課税は、いかなる他者の利益侵害のもとに正当化されるのだろうか。スタンディングは、ノージックらリバタリアンの議論の危険性について言及はしている。だが、こうした問題を慎重に考察した痕跡はない。

もちろん、所得への課税の一部は、土地を財・サービスの生産の源泉として捉えることで正当化できるだろう。だが、ある人の所得のどの部分が土地によって生じたものかを特定することは、相当な困難を伴うこととなる。それ以前に、どの土地から生じる収益が不当な土地所有によって生まれたのか、反対に、どの土地から生じた収益がまっとうな収益なのかを見きわめることなど、そもそもできるはずがない。

スタンディングの著作では、アメリカのアラスカ州やノルウェーの事例が取り上げられている。これらの例では、石油の発掘、輸送等に関わる収益の一部が州民や国民に還元されている。それが可能なのは、ある天然資源を特定の人物が占有すれば、社会的な不利益が発生することは理解しやすいこと、資源の管理を公的な部門が行っていること(いわば共有財産としての性格をもっていること)、そして、そこで生まれる収益が明らかにその土地から発生したものであることを特定できることが背景にある。

ゆえに、これらの2つの事例のように、天然資源が生み出す経済的収益を州民、国民に分配することは理解が得られる。これは富裕層に「金持ちだから」「相続財産で得をしているから」という理由で税を課し、全員に分配するという議論とはわけが違う。アメリカやノルウェーの事例と社会配当論とは、実はロジックを異にしているのである。

このように、社会配当論の観点から、BIの正当性を論じようとすれば、かなりの慎重さが求められることとなる。もし、「ペインが言っているから」という漠然とした理由で、BIを正当化するとすれば、それは理由にならない。

それだけではない。さらに議論を進めていくと、「ロック的但し書き」に対する哲学的な批判も存在しており、より議論は複雑なものになる。

ここでは政治哲学者キムリッカ『新版　現代政治理論』（2005）の批判をみておこう。ノージックの理解によれば、ある共有されていた土地をある人物が私的な所有物に変える瞬間がある。その際には、必ず土地を手放す人が存在することになる。ただし、土地が私的に所有されたことによって、生産の合理化が進み、土地を手放した人に対しても、これまで以上の生産物が配分されるようになったとしよう。こうした状況は「ロック的但し書き」の観点からは正当化されるし、だからこそ、ノージックの議論では、私的所有権自体が肯定されている。

だが、本当にそうだろうか、とキムリッカは問う。まず、ロックの議論をみる限り、土地を奪われる人間が、所有することになる人間に対して、土地を手放すことに「同意」したという事実がない。また、土地を奪われた人間は、たとえより多くの生産物を手にしたとしても、彼らは労働者となり、所有者の雇用条件をのまされることとなる。要するに、奪われた方の人間は、土地だけではなく、自分のよりよい生を構想し、これを実践する自由をも奪われてしまっているのである。

以上が示すのは、私的所有権の設定が、そもそも財産を所有できない人間の自由を初めの段階から、原理的に侵害してしまっている可能性だ。だからこそ、侵害された人たちの権利の保障が問題となるのである。ただ、強調しておきたいことがある。それは、ここで正当化されているのは、あくまでも富の再分配そのものの必要性だということだ。原初段階において、人間の自由が犠牲になっている以上は、原理的に考えて、そうした不利益を被った人たちのために、政府が介入し、私的財産の一部を税として徴収し、それを改めて分配し直すことが理屈づけられる。この「よりよい生の構想」を原理的に妨げられたことからくる再分配の正当性と、ペイン流の理解、もともと共有財産だったのだからみんなに配分せよという主張は、仮に政策の結果が同じになったとしても、その意図するところ、哲学的な問いの動機のあり方はまったく異なるのである。

より建設的な議論にあゆみを進めていこう。ＢＩは、結局のところ、巨大な所得再分配である。私たちは、まず、所得を分配し直すことの正当性を認めたうえで、どのような分配が望ましいのか、という次の議論の段階に進めていきたいと思う。

2　なぜ「ベーシックサービス」ではいけないのか

政府が税を通じて富の再配分を行うというときに問題になるのが、どのように配分し直すか、つまり再分配の「かたち」の問題である。私たちは再分配といえば、富裕層に課税し、これを低所得層に分配することをイメージする。

たしかに、これは所得再分配のひとつのかたちであり、一般的には「選別的な再分配」と呼ばれる。

だが、所得再分配にはもう1つのかたちがある。それは、比例的に課税し、これを定額ですべての人たちに給付する方法、すなわち「普遍的な再分配」である。図4－1をみてみよう。これは、貧しいAさんと普通のBさん、富裕なCさんそれぞれが同率の税を負担し、Bさん、Cさんも含めてすべての人たちが受益者となるモデルである。この場合でも、当初所得と再分配後の所得を比べると格差が小さくなっていることがわかる。すべての人々を受益者にし、富裕層にも等しく分配するＢＩでも、格差は小さくできることを意味している。いま一歩踏みこんでいえば、再分配を目的とせずとも、すべての人々の権利保障をすれば、事後的な格差の是正につなげられることを示している。

ただし、注意が必要だ。日本のＢＩ論者の議論を聞いていると、負担の話を基本的にしないか、するとしても富裕層への増税を念頭においていることが多い。だが、貧しい人を課税の対象としてもなお、つまり負担面でも普遍性を追求してもなお、格差が小さくなることをこのモデルは示しているのである。

図4－1　普遍主義と所得格差

	当初	税率25%	税引後	全員給付	給付後
貧しいAさん	200万円	－50万円	150万円	150万円	300万円
普通のBさん	600万円	－150万円	450万円	150万円	600万円
お金持ちのCさん	1000万円	－250万円	750万円	150万円	900万円
B／A	3倍				2倍
C／A	5倍				3倍

出典：筆者作成。

ここは重要な点なので、もう少し丁寧に説明しておこう。税の負担をめぐってはしばしば、低所得層の負担が問題とされる。消費税の逆進性はその最たるものだ。だが、図4－1が示すのは、給付を適切に行えば所得格差は小さくできるし、それが選別的な給付でなくとも、普遍的な給付で実現可能だということだ。税に逆進性があろうが、なかろうが、富裕層は高級車や大きな住宅といった奢侈品を購入することで、負担する税額は必ず大きくなっている。その税を使って、貧しい人たちも含むすべての人たちに一定の生活水準を保障していけば、当然のことながら格差は小さくなっていくのである。

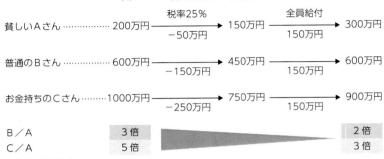

負担面の話を避けることの問題は次節で検討する。この点をひとまず措いておくと、BIがめざすのは、まさに以上の普遍的な給付を通じた再分配である。すべての人に同じ額の受益を提供していけば、その受益は所得が少ない人ほど収入のなかで大きな比率を占めることになるから、うなずける話である。

また、スタンディングが強調するように、BIを実現すれば、人々は選別主義の呪縛から解放される。いかに自らが貧しく困窮しているかを証明しなければ救済されない選別的な仕組みは、低所得層にとってつもない心的負担を生み出す。生活保護にみられるように、この負担は給付申請から困窮者を遠ざけ、彼らの権利保障を難しくする。また、所得が増大していけば、家族や地域コミュニティ、あるいは余暇のために割くことのできた時間を犠牲にする必要もなくなる。それだけではない。ミーンズテスト（資産調査）がいらなくなれば、これに膨大な事務コストを費やしている行政も劇的に効率化するだろう。行政の裁量性を弱められれば、彼らへの不信感もやわらぐことだろう。

だが、ここでもまた、新な疑問が浮かぶこととなる。図4－1が示していること、あるいはBI論者が利点として強調していること、それらは普遍主義的な給付のメリットであって、BIのメリットとは必ずしもイコールではない、ということだ。筆者は別の場所でベーシックサービスの重要性について訴えた（井手 2018；井手・今野・藤田 2018）。BSとは、生活保護や年金のような現金ではなく、医療、介護、教育、子育てなど、万人が必要とする／必要としうる「サービス」のことであり、これをすべての人たちに給付することをめざすものなのだ。

もう少し噛み砕いて説明しよう。私たちは誰もが、生まれた瞬間に保育のサービス、育児のサービスを必要とする。一生病気をしないという人はいないし、年をとって介護を絶対に受けなくてすむと断言できる人もいない。死ぬまで教育がいらない、障がいとは無縁だと断言できる人もいないはずだ。子育て、医療、介護、教育、障害者福祉などは、すべての人々が必要とする、あるいは必要としうる可能性がある。事実、これらのサービスの多くは村落共同体のなかで、家族のなかで、普遍的に、すべての共同体の構成メンバーに提供されてきた。

であれば、それらのサービスは、財政システムにおいても、すべての人たちに普遍的に提供されてよいはずである。これらのサービスを筆者はベーシックサービス（以下、BS）と定義している。むろんどの程度のサービス水準でBSを提供していくのかは、民主的なプロセスで決定されることになる。だからこそ、財政システムの成立と議会制民主主義の成立とは、歴史的に歩みを揃えてきたのである。

BSはBIと似たような効果をもつ。まず、BIは収入を増やす一方、BSは経費を軽くすることとなる。いわば名目所得を増やすのか、実質所得を増やすのかの違いである。生活にかかる経費を軽くできれば、現在よりも少ない収入で生きていける。その結果、余暇の時間、家族と過ごす時間、地域活動に参加する時間を確保できるようになる。

これらはＢＩ論者が求める政策の結果と同じものだ。さらにいえば、子育て、医療、介護、教育、障害者福祉といったサービスは、現在の制度のもとでは、低所得層よりもさらに所得の少ない貧困層のみが自己負担なしでこれらを利用できる。だが、ＢＳの場合、誰もが無償でこれらのサービスを利用できる。そこでは、低所得層はもちろん、中間層、富裕層も含めて、受益者になる。つまり、誰もが受益者になるわけだ。したがって、貧困層や低所得層にまとわりつく心的負担、救済されていることへの後ろめたさをなくすことができる。

要するに、ＢＩとＢＳが似たような効果をもつのは、いずれも普遍的な給付を行っているからである。受益者を選別しなければ、当然のごとく、社会的なスティグマは緩和される。また、中高所得層も受益者になれば、貧困層、低所得層の受給に疑心暗鬼になる必要もなくなる。収入が増えようが、経費が軽くなろうが、労働を抑制し、余暇を増大させるという意味でも、同じ効果をもつことになる。

とはいえ、違いがないわけではない。すべての人々が等しくサービスの受益者になれば、生活保護給付額の約５割は不要になる。サービスが無償化することによって、医療扶助、住宅扶助、教育扶助等が不要になるからである。ＢＩの場合、どの水準で所得保障を行うかによって結果が変わるが、論理的に考えれば、生活保護と同等の給付を行う必要がある。この点については、次節で論じるが、もしそうだとすれば、ＢＩの方がＢＳよりも普遍的に、広い範囲で人々の生存をカバーできることになる。

この違いに注目すれば、ＢＩの方がより人々の生存を強力に保障できることとなる。だが、この事実をもって、ＢＩの方が優れた制度だと断言するのは早計である。というのも、ＢＩの効果が大きいのは、結局、支出の規模が段違いに大きいからにすぎない。ＢＳの場合は、サービスを提供するため、必要とする人たちしかそれを利用しない。病気でない人は病院に行かないし、介護の必要のない人は介護サービスを使わない。そして、生活扶助や住宅扶助に関する、全体の５割弱を占める部分は、選別的給付として残される。反対に、ＢＩはその人の必要とは無関係に、つまりいらない人たちも含めたすべての人たちに現金を給付することになる。したがって、生活扶助や住宅扶助に関わる部分をカバーできる一方、その給付額はＢＳに比べてケタ違いに大きくなる。それだけ巨額の所得再分配が行われるということである。

だからこそ、ＢＩを論じるのであれば、財源問題を看過するわけにはいかない。むろん、税を上げればＢＩは可能なのだから、原理的にはこれを論ずる必要はないという反論があるかもしれない。だが、その場合は反対の意味で、実現不可能な知的遊戯に属するようなＢＩ論は、本稿においては検討する必要はない、ということになるだろう。

3　ベーシックインカムと財源問題

筆者がすべての人々にＢＳを給付すべきだと考えるのは、それらのサービスを誰もが必要とし、所得の多寡とは関係なく、社会の構成員に共通のニーズだからだ。では、ＢＩは、いかなる共通のニーズを想定して、全員に現金を給付するのか。

財政学の観点から考えれば、本来、収入は財政の領域ではなく、市場の領域で獲得すべきものだ。すべての人々の基礎的収入を非市場的領域で保障するということは、少なくとも市場経済を基礎とした社会ではその論理的必然性はない。初等教育、介護、子育て、医療といったサービスはそもそも共同体の内部で提供されてきたものであり、これを社会化したのが財政である。だが、共同体がメンバー全員の収入を一定程度、あるいは全額、恒常的に保障するという経験はない。

だが、あえて考えるとするならば、「生きる」という共通のニーズ、そして「自由」という人類に共通の普遍的ニーズを満たすための共同事業として、財政がＢＩを引き取ると考えられなくもない。ただし、それは衣類や食料も同じであり、これらをも含めて政府が引き取るということは、社会主義化に限りなく近づいていくが…… このすべての人々の生存ニーズという観点からすれば、全員に生活保護相当の給付を毎月行う必要があるだろう。もしそうでなく、月数万円の給付というのであれば、そこにはなんの論理的必然性もなく、ただのバラマキに限りなく近づく。

単年度でよければ、すでに麻生太郎政権のもとで実施された定額給付金がBIと同じである。この制度のもとでは、全員に1万2000円（65歳以上の人と18歳以下の人には2万円）が給付された（2009年3月から給付開始）。だが、そのときに、すべての人間の命と自由が保障されたとは誰も考えなかったはずだ。こうしたバラマキとBIが異なる制度だとすれば、その相違点は、徹底した生存保障という「共通ニーズ」「普遍的ニーズ」に求められるしかない。繰り返そう。共通で、普遍的なニーズだからこそ、みんなに、普遍的に給付せねばならないのだ。

では、以上の給付にどれくらいの財源が必要か。単身世帯の生活保護支給額は地域でばらつきはあるが、平均で月額12万円程度だ。これを全国民に給付する場合、173兆円の予算が必要になる。これを純増税で賄うとすれば、消費税1％で2・8兆円の税収だから、税率をもう62％上げなければならない。既存の社会保障を廃止し、これをBIとして給付することもできる。だが、現在の社会保障給付費は121兆円だから、医療も含めて全廃するとしても、さらに23％の消費税の引き上げが必要になる。

先に指摘したように、BIと違ってBSの場合、必要とする人しかサービスを使わない。必要な人にしか給付せずにすむからこそ、BSは限られた増税ですむ。筆者の試算では、BSの無償化のためには、消費税7％程度の増税ですむため、BIとの違いは明白だ（井手 2018）。先にBIの方がBSよりもカバーの範囲が広いという指摘をしたが、まさにそれは莫大な資金がかかることの結果なのであり、この差はたちどころに政策の実現可能性となって跳ね返ってくる。消費税をもう62％ないし23％上げるという提案と7％上げるという提案のどちらに現実味があるか、語るまでもない。

スタンディングは既存の社会保障を維持することを提案するが、それはあまりにも非現実的だ。そこで社会保障給付を全廃して、これをＢＩに置き換えることを前提にしよう。消費税率は20％以上上がるが、62％引き上げるほど荒唐無稽な話ではない。実際、ハンガリーのように、日本の消費税に該当する付加価値税率が27％という国もある。

だが、この選択肢は、いくつもの問題を現実に引き起こす。まず、社会保障をＢＩに置き換えてしまうから、12万円の所得を保障するために、より多くの年金をもらっている人たちの受給額がこの水準まで下がってしまう。あなたの年金が減額され、貧しい人に向かいますというメッセージが政治的に受け入れられるだろうか。何十年も社会保険料を払ってようやく手にした年金が減額され、就労して来なかった人たちに配分されるのである。

それだけではない。この月額12万円の範囲内で、高齢者はいままでは一部負担ですんだ医療や介護等の費用を「十割」負担しなければならなくなる。社会保障が全廃されるのであるから、ＢＩと引き換えに社会保障は１００％自己負担となり、もらえるはずの年金が減るなかでその負担が発生するのである。

ＢＩの本質は想像を絶するような所得再分配なのであり、だからこそ、左派に支持されるのである。ただ、左派として、巨額の増税も社会保障の全廃も現実的ではない。だからこそ、生存保障を緩和し、既存の社会保障を残し、数万円程度の給付ですませ、増税は行わない提案を行う。しかし、それは論理的には、ＢＩと呼ぶべきものではない。他方、社会保障を全廃しつつ、納税者に還元すれば、納税者は政府の干渉から自由になる。お金の使い道を決められるようになるからだ。ここにいわゆるリバタリアンや新自由主義的な政策を志向する人たちがＢＩを支持する背景がある。こうして左派と右派は同じ言葉のもとで、違う未来を構想する「呉越同舟」の状態となる。

以上の施策に国民が合意するとするならば、そもそもなぜ私たちの社会では、これまで所得格差を放置し続けてきたのかという疑問がわく。「世界価値観調査（World Values Survey）」によると、「国民の収入が平等になるよう国が統制する」という問いに賛成した人の割合は、60か国のなかで55位だった。「国際社会調査プログラム（International

Social Survey Programme)」を確認してみると、「日本の所得の格差は大きすぎる」「所得の格差を縮めるのは、政府の責任である」という2つの問いに対して賛成した人の割合は、それぞれ42か国中30位、36位だった。少なくともこの社会の人々は格差問題に関心をもっているとはいいづらい。このような社会にあって巨額の所得移転を行うことは、議論としては楽しいかもしれないが、政治的には実現困難だといわざるをえない。

バラマキではない正しい意味でのＢＩは、究極の自己責任社会を生むことにも注意しよう。医療や介護、保育など、税の投入されているすべてのサービスは10割の自己負担となるため、その部分はきちんと蓄えておかないと、いざというときに備えられない。だが、借金に苦しむ人たちは、そのお金を返済に振り向けずに、将来への備えとして貯蓄に回すだろうか。あるいは、お酒やギャンブルに浪費する人は出てこないだろうか。

そうなると、いざ病魔に犯されたり、子どもが生まれたり、介護が必要になったりしたときに、その人たちは費用が払えなくなる。社会は彼らにさらなる救済を許すだろうか。論者によっては、そのような不道徳な人は、ごくごく限られた人たちだと反論するかもしれない。だが、それは反論になっていない。浪費した人間がたった一人であったとしても、その一人を見殺しにするような社会が生まれるとすれば、それはＢＩ論者のめざす世界からは大きく乖離することになる。不道徳者は自己責任だ、一部の人は犠牲になってよいと訴えるのでは、いまの日本社会となにも変わらない。

ポイントは、ＢＩの場合、将来不安に備えるために、受給額を貯蓄に回さなければならないという点にある。将来、どのような病気をするのか、自分が何歳まで生きるのかを予見することは不可能である。だからこそ、人々は「過剰貯蓄」「過少消費」に導かれる。他方、ＢＳの場合、人々は安心して医療、介護、子育てのためのサービスを利用できるようになる。将来不安から解放されれば、手元にある資金をすべて消費に回すことができる。制度も平均寿命にあわせて設計すればよいから合理的だ。さらには、医者、看護師、介護士、保育士といった雇用を次々に生み出すだろう。自己責任社会とは反対の頼り合える社会が、景気刺激的な状況が生み出されることとなる。

ＢＩとＢＳの最大の相違は、前者が現金給付であり、後者がサービス給付であるという点にある。現金給付の欠点は給付額が明確に見えてしまうことだ。つまり、多額の税を払っている人たちと、まったく税を払っていない（と思われている）人たちとが、同じ額をもらえることが白日のもとに晒される。負担者と受益者の関係が可視化され、前者と後者の間に分断線が引かれる。他方、ＢＳの場合は、サービスによって給付を受ける。考えてほしい。子どもが保育園や幼稚園で受けたサービスが何円だと認識できるだろうか。病院でかかる医療費が無償化されたとして、人々は病の重さによって負担の軽減度は違うのに、誰が得をしている、誰が損をしていると特定することができるだろうか。ＢＳのメリットは、いくらの受益があったかがわかりにくいこと、必要な人しか使わないため、浪費が生まれにくく、現金と違って疑心暗鬼をもたらす可能性が低くなることにある。この性質の違いは決定的だ。だからこそ、どの先進国でも、サービスは無償化するが、現金をすべての人たちに給付しようとはしないのである。

繰り返そう。ＢＩとＢＳとは、普遍的な給付を志向するという意味では同じである。めざすべきゴールも同じだ。その意味で、筆者はＢＩ論者と同じ立ち位置にいる。何より、いずれの用語にも「ベーシック」という言葉が用いられていることは、その象徴だ。だが、財政学者の目からみれば、現金とサービスの性質の違い、誰もが欲する現金を給付するか、必要な人しか使わないサービスを提供するかという違いは、政策的に決定的な差を生む。負担の規模、財政的な効率性、社会的な対立の深度に影響を与えるし、何より、政治的な合意の実現可能性がまったく違ってくる。生活扶助と住宅扶助の徹底的な強化とサービスの無償化、このパッケージが社会的な分断を阻止し、人々のよりよい生を支えるうえで、現実的な組み合わせだと筆者は思う。

第Ⅱ部
世界のベーシックインカム

第5章

ドイツにおけるベーシックインカム

【森　周子】

はじめに

本稿では、ドイツにおけるベーシックインカム（以下、ＢＩ）論議について概説する。ＢＩをめぐる論議は１９８０年代に始まり、２０００年代以降に本格化した。以下では、まず、ドイツにおけるＢＩ論議をよりよく理解するために、ドイツの労働市場の現状と社会保障制度について説明する。次に、ドイツにおける代表的なＢＩ提案を紹介する。そして、ＢＩへの批判、政労使（政府・労働者〔団体〕・使用者〔団体〕）の見解、ＢＩへの具体的な取り組みなどを検討し、最後にまとめと結論を述べる。

1　ドイツの労働市場の現状と社会保障制度

ドイツの労働市場の現状

ドイツでは、１９９０年代に、東西ドイツ統一（１９９０年）および低成長経済や国際競争激化の影響で失業者が増大し、社会問題と化していた。そこで、ＳＰＤ（社会民主党）と緑の党の連立政権期の２００２年に、４００万人以上に膨れ上がった失業者数を半減させるべく、当時フォルクスワーゲン社の人事担当役員であったペーター・ハルツを座長とする専門家委員会「労働市場の現代化委員会」が、シュレーダー首相（ＳＰＤ）の肝煎りで発足した。そして、この委員会が同年夏にまとめた報告書の内容をもとに、２０００年代半ばまでに「ハルツⅠ～Ⅳ法（正式名称「労働市場現代化第Ⅰ～Ⅳ法」）」による一連の労働市場改革が実施された。その内容は、派遣労働の規制緩和、労働者の社会保険料負担・税負担が軽減される「ミニジョブ」（月収４００ユーロ（€）〔現在は４５０€〕以下または期間が3か月以内の就労）・「ミディジョブ」（月収４００€〔現在は４５０€〕超～８００€〔現在は８５０€〕以下の就労）と呼ばれる雇用形態の導入、失業者の起業促進、求職者基礎保障制度（後述）の導入などであった。それらの成果やその後の景気回復などにより、失業者数は２００５年以降顕著に減少した（２００４年の４３８・1万人から２０１８年の２３４万人へ）。だが、他方で、非典型雇用（無期雇用のフルタイム正社員以外の雇用）に従事する者の数が増大した（２００４年の６１７・７万人から２０１７年の７７１・８万人へ）。

ドイツの労使関係は、労働組合と使用者団体とが、賃金や労働時間などに関する取り決めである「労働協約」を締結し、それを遵守することが特徴的である。だが、近年では労働組合の組織率低下（２０１６年時点で18・４％）に伴う影響力の低下や、協約から脱退する企業の増加なども相まって、協約の拘束力が弱まり、労働者に不利な状況が生じることが問題視されている（岩佐 2015）。なお、このような事態への対応として、２０１５年より全国一律の法定最低賃金が導入されている（導入当時は時給８・５€。２０１７年に同８・84€、19年に同９・19€に引き上げられた）。

近年では、「インダストリー４・０（第４次産業革命とも呼ばれる）」と、それに伴う働き方の変化に関する議論が盛んである。「インダストリー４・０」とは、連邦政府が２０１１年以降大規模に展開している産学官（産業界〔民間企業〕・学校〔教育・教育機関〕・官公庁〔政府、地方公共団体〕）の取り組みであり、主に製造業において、ネットワークで情報をつなげ、コンピューターやＡＩを活用し、生産や流通などの自動化を最適なレベルまで引き上げるというものである。「インダストリー４・０」の管轄は連邦経済エネルギー省と連邦教育省であるが、連邦労働社会省（厚生労働省に相当）は、２０１６年に『労働４・０』という白書を公表し、「インダストリー４・０」が雇用・労働分野に及ぼす影響や、それにより生じる政策課題への取り組みをめぐる議論をまとめた。そこでは、ロボットやＡＩの活用がもたらす問題として、「雇用喪失」よりも「雇用の二極化」、すなわち、中間層の雇用が収縮し、人間が携わる仕事が非常にハイレベルな仕事と非常に単純な仕事とに二極化することで労働者間の格差が拡大することが危惧され、職業教育訓練分野での取り組みが求められている（BMAS 2016；山本 2017）。

ドイツの社会保障制度

ドイツには、経済政策と社会政策（労働政策や社会保障といった、人々の生活保障に関する政策）の基本原則・基本理念として「社会的市場経済」という概念が存在し、戦後の歴代政権によって一貫して掲げられている。この概念は、オルド自由主義という新自由主義の一種を理論的な基盤としており、経済的効率性（完全競争市場の実現）と社会的公正（社会政策）の両立を重視する。だが、両立のあり方には、①経済的効率性の実現によって社会問題のほとんどが解決するので、社会的公正は最低限でよいとする立場、②経済的効率性のみでは解決しきれない社会問題の解決のために、ある程度の社会的公正を積極的に要請する立場、③経済的効率性と社会的公正の両者を尊重しつつ、後者を縮小し前者へと統合させるべく、個々人の自助を促進するような社会政策を推進するという、①と②の中間に位置する立場、の3つが区別され、いずれの立場をよしとするかも政権によって異なる（森 2009）。現政権（２０１８年3月発足の第4次メルケル政権）は、③の立場に近い新自由主義政党のＣＤＵ／ＣＳＵ（キリスト教民主・社会同盟）と、②の立場に近いＳＰＤの連立政権であることから、②と③の立場が混在している。

次に、個々の社会保障制度について説明する。まず、現金を給付する制度からみてみよう[1]（表5－1）。困窮者への所得保障を行う、日本の生活保護にあたる制度は2種類存在する。１つは働ける困窮者を対象とする求職者基礎保障制度、もう1つは働けない困窮者を対象とする社会扶助制度である。いずれも給付額は同一であり、求職者基礎保障

表5－1：ドイツの社会保障制度における主な現金給付とその給付内容

（2019年時点）

種　類	名　称	給付内容
求職者基礎保障	失業手当Ⅱ	424€（単身者の場合）（月額）（さらに家賃と光熱費，社会保険料を加算）（その他，受給者の生活状況に応じた手当あり）
社会扶助	生計扶助	同上
年金保険	老齢年金	1487.18€（月額）（45年加入の場合の標準年金）（2019年時点）
	障害年金	障害の程度に応じて老齢年金と同額またはその半額
	遺族年金	老齢年金と同額
医療保険	疾病手当金	直近の給与の70％
介護保険	介護手当	316€（要介護度2の場合），545€（同3の場合），728€（同4の場合），901€（同5の場合）（いずれも月額）（ただし，介護手当ではなく介護サービス給付を受給することもでき，その場合の給付限度額は介護手当の金額の約2倍である）
労災保険	傷病手当金	直近の給与の80％
失業保険	失業手当Ⅰ	失業前の賃金の67％（子がある場合）または60％（子がない場合）
社会手当	児童手当	204€（第1子・第2子），210€（第3子），235€（第4子以降）（月額）（所得税法上の児童扶養控除（7428€）と比較していずれか有利な方が適用される）
	児童追加手当	最大170€（月額）（受給によって失業手当Ⅱもしくは社会扶助を受給せずに済む場合に支給）
	建築児童手当	住宅を購入した家族の子1人当り100€（月額）（最長10年間支給）（所得制限あり）
	住宅手当	居住地，家賃，所得，世帯員数に応じて異なる（例：最も家賃の高い地域に区分されるミュンヘンで家賃月額800€の住居に住む月収2000€の4人家族の場合，月額73.6€）
奨学金	連邦教育奨励	537€（親と同居の場合），735€（親と離れて住む場合）（月額）（医療保険料・介護保険料含む）

出典：各種資料をもとに著者作成。

制度の対象者には就労支援が重点的になされるため、ワークフェア的であると評価される。

年金保険は、日本の厚生年金にあたる所得比例年金のみからなる仕組み（日本の基礎年金にあたるものがない）であり、主婦（夫）、学生、一部の自営業者は任意加入である。それゆえ、十分な保険料を払い込めない低所得者や、任意加入をしなかった一部の自営業者などに関して、老後における低年金・無年金の問題が深刻化したことから、２０００年代半ばに社会扶助制度のなかに「基礎保障」という給付が創設された。これは、65歳以上の困窮者などが社会扶助を申請する際に、年収10万€以下の親族には扶養照会を課さないというものであり、高齢者の「恥じらいによる貧困（親族に扶養照会がなされることを恐れて社会扶助を申請せずに困窮すること）」の防止が主眼となっている。

失業保険の「失業手当Ⅰ」は、離職前2年間に通算1年以上被保険者であった者が受給でき、最長1年半にわたり、従前所得の60％（子がある場合は67％）が給付される。社会手当には、児童手当、住宅手当などがある。教育費については、授業料は大学まで無償であり、連邦教育奨励法に基づく国営の奨学金制度も充実している。

次に、サービス給付を提供する諸制度をみてみよう。医療サービスを提供する医療保険(2)の保険料率は２０１９年時点で14・6％（労使折半）であり、自己負担は入院時にのみ必要となる(3)。介護サービスを提供する介護保険はすべての医療保険加入者が被保険者となり、保険料率は２０１９年時点で３・05％（労使折半）、自己負担はない。障害者への介助サービスは主に介護保険から提供され、介護保険のみでは不足する場合には、補完的に社会扶助からサービスが提供される。保育サービスについてみると、保育所の費用は地域によって異なるが、おおむね所得に応じて負担額が異なり、かつ低額である。例えばベルリンでは２０１８年８月以降、公立保育所の保育料は無料（昼食費のみ月額23€負担）である。

2　代表的な3つのベーシックインカム提案の内容

ドイツでBIをめぐる論議が始まったのは1980年代であり、2000年代には、ワークフェア的な内容を含むハルツⅣ法への対抗として盛んに論じられるようになった。2004年には、「ベーシックインカム世界ネットワーク」のドイツ支部である「ネットワーク・ベーシック・インカム」も創設された。2017年に民間の調査会社によって、18歳から69歳までの1024人を対象にオンラインで実施された世論調査では、半数以上の国民が条件なしBIを肯定的に捉えていた。適切とされたBIの金額は月額1137€であり、回答者の10人に1人が「条件なしBIが月額1000€以上であれば働かない」と回答した（SPLENDID RESEARCH 2017）。

ドイツでなされた主なBI提案のうち、①最低生活を満たす給付額、②請求権がある、③ミーンズテスト（資産調査）がない、④労働を強制しない、という〝条件なしBIかつ完全BI〟の要件を満たすものは3つある。以下では、それらの内容を紹介しよう。

ヴェルナーの提案（2007年）

このBI提案は、ドイツにとどまらず世界的にも有名である。ヴェルナーは「dm」という大手ドラッグストアの創設者であり、彼の提案は日本を含む各国で翻訳されている。

彼は、2018年に発表した最新の提案で、全国民への月額1500€のBIの支給を提唱している（Werner 2018：143 以下、引用頁のみ表記）。従来のあらゆる現金給付はBIに代替される。また、BIによって人々が働かなくなることを促進するのではなく、むしろ、BIが人々にとってやりがいのある労働をするきっかけになることを求めている（124-129）。医療保険と介護保険は別建てとなるが、その詳細については述べられていない（158-162）。財源は50％の消費税のみとされ（ちなみに、２０１９年時点のドイツの消費税率は19％。軽減税率は７％）、その他の税は廃止されるが、賃金にかかる費用などが下がり、また国民所得の約半分を占める国家支出（社会保険への国庫負担なども含む）がＢＩの導入によって軽減され、その分の法人税を負担するために企業がこれまで商品価格に上乗せしていた金額も軽減されることから、商品価格が従来の半額になることが見込まれる（Flassbeck et al. 2012：22）。そうなると、50％という高率の消費税がかかったとしても、最終的な価格は従来よりもむしろ低くなると説明される。なお、日用品には軽減税率が適用され、反対に、奢侈品の消費税率は引き上げられる。

左翼党の「解放的市民手当」提案（２００９年）

この提案は、社会主義政党である「左翼党」が発表したものである。２０１６年時点での最新の提案では、ドイツに住居を有するすべての人に対し、16歳以上に月額１０８０€、16歳未満には月額５４０€の「解放的市民手当」と呼ばれるＢＩを稼得所得に上乗せして支給するとしている。この金額は、国民所得の50％相当の税を財源にすることを前提に決定される。

社会保険の保険料算定にあたっては、あらゆる所得が算入され、保険料算定上限額は撤廃される。医療保険と介護保険は「連帯的市民保険」という新制度に再編され、保険料は14％（労使折半）となる。年金保険ではＢＩが基本年金の役割を果たし、保険料率７％（労使折半）の「連帯的市民追加保険」が新たに設けられる。失業保険は、自営業者をも対象とする「連帯的稼得喪失保険」という新制度に拡大され、保険料は２％（労使折半）となる。労災保険は現行どおりである（die Linke 2016：38-41）。

財源の内訳は、あらゆる所得からの33・５％のＢＩ税、物的資本税（１・５％）、主要燃料税、奢侈税、連邦補助である。現行の所得控除・税額控除はすべて廃止され、ＢＩと社会保険給付は非課税となる。ＢＩの金額を超える所得には５％の所得税が追加的にかかり、税率は所得が２１６１€を超えると15％、５４００€を超えると25％となる。さらに、最低賃金は時給10€（税・社会保険料控除後は５・42€）に設定される（34-35）。

アルトハウスの「市民手当」提案（２００６年）

これは、新自由主義政党であるＣＤＵ（キリスト教民主同盟）のアルトハウスという政治家が提起したものであり、新自由主義のＢＩ論者を中心に、実現可能な構想のひとつとして支持を集めた。２０１０年に改定版として発表された提案（Althaus/Binkert 2010）によれば、すべての18歳以上のドイツ在住者は月額６００€の「市民手当」と呼ばれるＢＩを受け取る。これは、児童手当と最低限の年金を代替する。６００€の内訳は、基本部分である４００€（非課税）と医療保険・介護保険に対する２００€であることから、実質的に手元に残る金額は４００€であり、完全ＢＩにしては低い金額ともいえる。なお、年金生活者については、市民手当に加えて、各人の従前所得の金額を考慮した追加年金（上限額は市民手当の３倍の金額の月額１８００€）が支給される。財源は、すべての収入（資産収入なども含む）への40％の所得税と19％の消費税（軽減税率７％）である。

なお、社会的市場経済概念を信奉する民間のシンクタンク「ハンブルク世界経済研究所」のシュトラウプハールは、アルトハウス案を実現可能な構想として高く評価し、それを発展させた提案を２００８年以降発表している。彼の最新の提案では、月額１０００€（非課税。医療・介護保険料を含む）のＢＩを、すべての収入への50％の統一税を課すことで賄うと主張している（Straubhaar 2017 : 102ff.）。

3　ベーシックインカムへの批判

3つの代表的なBI提案への批判

上記の3つの提案には様々な批判が寄せられている。まずヴェルナーの提案へは、消費税が逆進的であること、消費税収入がすべてBIに用いられた場合にその他のサービス給付が民営化されかねないこと、従来の制度からの具体的な移行方法が示されていないことなどが挙げられる（Flassbeck et al. 2012 : 23 ; Butterwegge 2017）。

左翼党の提案への批判としては、高い税率によって就労インセンティブが阻害され、最低賃金の設定もそれほど魅力にはならず、自給自足経済（後述）への傾斜が起こりうることが挙げられる（Flassbeck et al. 2012 : 54）。

最後に、アルトハウスおよびシュトラウプハールの提案への批判としては、彼らの提案するBIの金額が低く、賃金補助的な位置づけであることから、低賃金労働を誘発する可能性があると述べられる（Flassbeck et al. 2012 : 54 ; Butterwegge 2017 : 450）。

その他のBI批判

その他の、ドイツにおける一般的なBI批判としては、他国と同様に、莫大な財源をどのように賄うのか、労働力の確保をどうするのか、移民がBI目当てに大勢流入するのではないか、根本的な資本主義の矛盾を覆い隠し、格差を拡大させてしまうのではないか、などがある。なお、サービス給付と関連させたBI批判はあまり見受けられない。これは、現在のドイツにおけるサービス給付が自己負担をそれほど伴わないことが影響していると思われる。

ここで、独自の視点から明確にBIを批判するハイナー・フラスベックほか（2012）の主張を紹介する。彼らは、ＢＩの導入よりも賃金の改善こそが急務とする。現状およびＢＩへの転換に関する議論のなかで、賃金のルールがどうあるべきかについてはこれまであまり扱われてこなかったと指摘し、賃金を担保するための最低賃金の導入こそがＢＩの導入よりも必要であると主張する（実際に、最低賃金は既述のように２０１５年に導入された）。他にも、ＢＩ導入による税負担の増大が自給自足経済化（稼得労働や商品購入に際して高率の課税を行うと、就労意欲が減退したり、些細なことであれば外部に任せずに自分で対処したりすることが多くなる）と、それに伴う一国の経済規模の縮小を招くと指摘する。また、ＢＩが十分な金額である場合、誰もが従事したがらないが必要である仕事（介護、ごみ処理業など）に従事する人が減少し、賃金を上げてもそれはなかなか変わらないのではないかと述べる。

4　政労使の見解

２０００年代に様々な政党からＢＩのモデルが発表されたが、条件なしＢＩは少なく、条件つきＢＩが主である。２０１７年連邦議会総選挙時の各党の選挙プログラムをみると、ＣＤＵ／ＣＳＵとＳＰＤはＢＩに言及せず、左翼党および緑の党は議論を進めると述べるにとどまるなか、自由主義政党のＦＤＰ（自由民主党）は「市民手当」なるＢＩを提案した。これは、税財源の社会給付の透明性と簡潔性を高めるためのものとされ、失業手当Ⅱ、社会扶助（生計扶助と基礎保障）、児童手当、住宅手当を代替する（ただし、具体的な金額は記されていない）。労働を促進するために、受給する無業者にはミニジョブかミディジョブに従事してもらうという条件をつけている（FDP 2017 : 65f.）。

ＢＩに対する連邦政府の見解は、既述の『労働４・０』では、社会保障の問題には「革命ではなく進化」が適切であるとし、従来の社会保障システムをさらに発展させることが必要であると述べている（BMAS 2016 : 13）。そのなかで、ＢＩの導入については、根本的なシステム変化を伴うために社会からの理解を得にくく、また、ＢＩに加えて所得を得る者とBI以外の所得を得るための公的な就労支援を得られない（あるいは得ようとしない）者との格差を拡大させることから却下され、代わりに「個人被用者口座」という仕組みを構想している。これは、すべての成人に対して、職業生活の開始時に2万€（非課税）を支給するものであり、職業訓練、起業、介護などに利用可能とされる（Spiegel online 2017）。なお、2018年3月の第4次メルケル政権の発足以降、この仕組みの導入をめぐる議論は停止している。また、この政権の連立協定にBIへの言及はない。

次に、労働組合と使用者団体のBIへの見解を紹介しよう。使用者団体の最大の中央組織である「ドイツ使用者団体」（BDA）は、財源調達が困難であるとして否定的である（BDA 2018）。労働組合の最大の中央組織である「ドイツ労働総同盟」（DGB）は、財源調達が困難であるほかに、低賃金の不安定な就労が増える可能性があるとして慎重な姿勢をとっている（DGB 2016）。

5 ベーシックインカムへの具体的な取り組み

条件つきBIについては、「マイ・ベーシック・インカム」という民間団体によって2014年に開始された取り組みが存在する。これは、1万2000€を寄付で募り、寄付が集まりしだい抽選を行い、当選者1人に年間1万2000€のBIを1年間（毎月1000€）給付するというものである。2019年7月時点で14・8万人が寄付をし、368人が給付を受けた（Mein Grundeinkommen 2019）。

条件なしBIについては、ドイツ北部のシュレスヴィヒ＝ホルシュタイン州に所在するフレンスブルクという人口約8万人の都市の一部地域で試行が検討され、市民に月額1000€（子は半額）が支給される代わりに、失業手当Ⅱと連邦奨学金と住宅手当が支払われなくなることが予定された。しかし、2018年6月の州議会の決定では、B

Ｉに関する幅広い議論を優先するとのことから試行は却下され（Netzwerk Grundeinkommen 2018）、ドイツにおける本格的なＢＩ試行の機会は遠のいた。

まとめと結論

ドイツにおけるＢＩ論議を思想面と実践面に区分して検討してみよう。思想面では、社会的市場経済概念とＢＩは相いれるのかという論点が存在し、社会的市場経済が重視する経済的効率性と社会的公正の両立にＢＩが資すると解釈する論者もいる（Straubhaar 2017 : 117-120 ; Kunz 2016 : 398ff.）（ここでの両立のあり方は、本章第1節で紹介した分類における②の立場であると考えられる）。また、既述のＢＩの代表的な3つの提案はいずれも、労働の重要性を強調していることがみてとれ、ＢＩの下支えによって自己実現的な労働が可能になることから従来の経済的効率性は維持されるとし（その意味で、上述の分類における③の立場に近いと考えられる）、ＢＩが労働意欲を阻害するとの批判には否定的である。しかし他方で、ＢＩに起因して生じうる働く者の減少と、それによる経済的効率性の減退への危惧から、ＢＩは社会的市場経済とは相いれないと解釈する論者もいる（ドイツの主要シンクタンクの1つであるＩＦＯ経済研究所のフェスト所長など）（WELT 2016）。

次に実践面をみると、ＢＩは世論調査では好感をもって受け止められてはいるが、現政権ではあまり考慮されていない。現時点では「インダストリー4・0」による労働市場や労働環境の変化への対応としての「労働4・0」が求められており、そこではＢＩの導入は却下されている。むしろ、従来の社会保障システムに基づく改善がめざされており、既出の『労働4・0』における「革命ではなく進化」という言い回しにそのことが最もよく表れている。

（1）　毎日少なくとも3時間以上就労可能な者は働ける（＝稼働能力をもつ）とされ、そうでない者は働けない（＝稼働能力をもたない）とされる。

（2） ドイツの医療保険は全国民に加入義務がある。国民の約90％が公的医療保険に加入しているが、一定以上の高額所得者（国民の約10％）は、公的医療保険の加入を免除されているため、民間医療保険に加入している。

（3） 入院時に1日10€（ただし年間28日が上限）、薬剤・包帯類の費用の10％（下限5€、上限10€）の自己負担が生じる。

第6章

フランスにおけるベーシックインカム

【小澤裕香】

はじめに

フランスにおけるベーシックインカム（以下、ＢＩ）の議論は、１９８０年代以降なされてきたが、近年、労働市場の不安定化が常態化し、貧困問題が深刻化するなかで、ＢＩをめぐる議論が再び活発になっている。そのきっかけとなったのは、２０１７年のフランス大統領選挙において、各候補者がＢＩを公約に掲げたことである。拡大した貧困・格差に対応するために労働年齢層を対象とした既存の最低所得保障（ＲＳＡ）[1]の代替案として各候補者がＢＩを公約に掲げ、テレビ討論会も開かれるなど国民的な議論となった。

本稿では、貧困対策としてのＢＩという観点からフランスにおける近年のＢＩの議論を検討する。まずフランス大統領選挙でのＢＩ議論の状況を述べた後（第1節）、ＢＩ議論が再燃することになった背景を考察する（第2節）。そしてＢＩ議論の潮流を踏まえて、代表的なＢＩ提案を紹介する（第3節）。最後にＢＩ批判を紹介し（第4節）、今後のフランス版ＢＩの行方を展望する。

1　大統領選挙にみるベーシックインカム議論

２０１７年の大統領選挙に向けて、ＢＩ議論がフランスでどのように浸透していったのか、また大統領選挙の候補者によるＢＩの立場を俯瞰的にみることで議論の特徴を明らかにする。

フランスでのＢＩの盛り上がり

２０１２年の大統領選挙の際にも、ドミニク・ド・ビルパンが「市民所得」としてＢＩを提案しているが、当時は政策課題にまでならなかった。それが２０１７年には国民的な政策議論にまで発展したが、この間に何があったのだろうか。

１つには、ヨーロッパでのＢＩを推進しようとする外的な動きがあった。ＥＵ加盟７か国から１００万人以上の賛同署名が集まれば欧州委員会に立法提案できるという「欧州市民イニシアチブ」を利用したＢＩ実施をめざす動きのなかで、２０１３年にその活動拠点としてフランスにも「フランスにおけるＢＩ推進運動」（ＭＦＲＢ）が創設された。このアソシエーションは国内での署名活動のために組織されたが、現在でも様々な情報発信やワークショップの開催など精力的に地域活動を組織するだけでなく、政府の発行するＢＩ報告書の作成にも加わるなど、現在のフランスでの政策的議論を活発化する後押しとなる存在である。また、スイス（２０１６年6月の国民投票）やフィンランド（２０１7年1月からの実施）における隣国のＢＩの導入に向けた相次ぐ動きも、フランス市民の関心を引きつけた。

もう1つの動きはフランス国内からのものである。特にアキテーヌ地域圏では国政への積極的なＢＩ実験実施要求がみられた。例えば、２０１５年7月にアキテーヌ地域圏議会で緑の党のグループによって提案された「無条件ＲＳＡ」は満場一致で可決された。既存のＲＳＡを無条件にするというものである。この流れに乗って２０１６年２月に、エコロジストのグループがＢＩ実験の議決案を元老院に提出している（Sénat, 2016a）。結局同年5月に否決されたものの、元老院はＢＩに関する調査委員会を設置し、２０１６年10月に報告書を作成した（Sénat, 2016b）。この報告書は、不安定さを抱える層（18～25歳の若者、50～65歳の年金受給前の高齢労働者）を含めたいくつかの社会階層２～３万人に対して、3年間にわたり、500€以上を給付するという具体的なBI実験を提起するものだった。これを受けて、失業者団体や障害者団体、貧困対策を行うアソシエーションなどが次々にBIに関する立場を表明し議論に加わっていった。

大統領選挙を前にBIに関する民間の世論調査は行われていたが、ついに調査研究政策評価統計局も世論を収集するに至った（Dares 2016）。BIに関するどの世論調査でもおよそ賛成と反対は同数で均衡するが、この調査でも同じようであった。すなわち、収入の有無に関係なくすべての人に支給するBI（「収入要件なしBI」）の賛成者は19％、低所得者に限定したBI（「収入要件ありBI」）の賛成者は38％と、大枠での賛成者は56％であった。他方で、従来どおりの失業、障害、家族問題などニーズに応じた数々の社会扶助、社会手当を存続させる方がよいとしてBIに反対した者は42％であった。またこの調査ではBIの金額も問うているが、1000€と答える人が56％と最も多くを占めている。

2017年大統領選挙の公約に登場したBI

このようななかで、大統領選挙の各立候補者が公約にBIを掲げたことは、むしろ自然な流れであった。社会党からの候補者となったブノワ・アモンは労働からの解放を謳い、「普遍的生存所得」というBIを提案した。アモンの案は2018年からRSAを10％引き上げ（535€）、将来的には収入額にかかわらず18歳以上のすべての国民に750€を支給するというもので、国民の議論に火をつけた。

他方で、右派から大統領候補となったフランソワ・フィヨンは給付に甘んじて働くことを犠牲にしてきた社会システム自体を改革しなければならないとして、最低所得保障の統合だけでなく家族手当や住宅手当などあらゆる社会手当を統合し、それらの給付額を最低賃金の75％（847€）に統一させた「単一社会手当」を創設することを提案した。

結局、従来の二大政党を覆したのは「前進！」（現在は「共和国前進！」）のエマニュエル・マクロン現大統領だった。マクロンは公約のなかで、ＢＩは求職者にとって就労インセンティブを損なうものであること、給付額が異なる様々な社会手当を統合するとより困難のある人が不利になるという点から反対の立場をとっていた。結局、マクロン大統領は就任後、ＲＳＡを改変した「普遍的活動所得 Revenu Universel d'Activité（ＲＵＡ）」を２０２０年から実施すると発表している。これはＲＳＡ、就労復帰手当、住宅手当など低所得世帯に支払われる社会扶助・社会手当を統合し、就労支援の強化と合わせて実施するとされている。就労支援の強化として、受給者にハローワークへの登録を義務づけ、また求職活動のなかで提案された仕事を２回断ると受給権を喪失するという、いわば職業選択の自由を脅かす提案であり、すでに批判が集中している。

このような各候補者のＢＩに関する公約からみてもわかるように、近年のＢＩをめぐる政策議論は、現存するＲＳＡ改革の一環として論じられていること、そしてそれを主張する立場によってもその目的が大きく異なるという特徴をもつ。すなわち、ＢＩを労働や失業から解放するための手段とみなす立場がある一方で、逆に労働をより強化するためにＢＩを利用しようとする立場もあり、同じＢＩという枠組みのなかでも期待される役割はまったく異なっているのである。

2　ベーシックインカム議論の背景

本節では、ＢＩが貧困対策の代替案として議論されるようになった背景について考察する。第１に、労働市場の不安定化に伴い労働年齢層の貧困が増大していること、第２に、それに伴い社会保障制度、特に最低所得保障制度のあ

表６－１　貧困者数と貧困率

（単位：1000人）

	2008年	2015年	構成比（％）（2005年）	増減（2008-15）
労働力人口（18歳以上）	**2636**	**3079**	**34.7**	**444**
就業者	1863	1987	22.4	124
雇用者	1445	1475	16.6	30
自営業者	418	512	5.8	94
失業者	772	1092	12.3	320
非労働力人口（18歳以上）	**2873**	**3005**	**33.9**	**132**
年金受給者	1283	1028	11.6	－225
その他（学生含む）	1590	1977	22.3	387
18歳未満の子ども	**2328**	**2791**	**31.5**	**463**
貧困者合計	7836	8875	100.0	1039
貧困率	13.0％	14.2％		1.2

出典：INSEE より筆者作成。

り方を問うものとしてＢＩが検討されていること、この２つの視点から考察する。

労働市場の変容とＢＩ

フランスの貧困率は１９９０年代以降上昇しているが、特にリーマンショック以降は急激な上昇をみせ、その影響は働く世代とその子どもたちに集中して現れた（表６－１）。すなわち２００８年から15年の間に、貧困者は１０３万９０００人、貧困率にして１・２ポイントの急上昇であった。１０３万９０００人の内訳は、多い順に18歳未満の子ども（46万３０００人増）、年金受給者以外の非労働力人口（38万７０００人増）、そして失業者（32万人増）と続く。また自営業者（９万４０００人増）、雇用者（３万人増）も貧困と無縁ではない。

この背景には労働市場の不安定化が進んだことが挙げられる。たしかに１９８０年代から90年代にかけて顕著に進展した雇用形態の不安定化は、リーマンショック以降緩やかになったものの、その固定化として現れた（表６－２）。また、「期限なし雇用」であっても契約締結後の１年以内の契約解消率は３分の１（36％）にのぼるなど、その安定性は崩れてきている（Dares

表６－２　雇用形態別就業者数と構成比

（単位：1000人，％）

	期限つき雇用（CCD）	派遣	見習い	期限なし雇用（CDI）	自営業
1982	991(4.0)	102(0.5)	173(0.8)	17287(76.8)	4023(17.9)
1992	1406(6.2)	163(0.7)	145(0.6)	17462(76.5)	3638(15.9)
2002	2049(8.3)	409(1.7)	234(0.9)	19114(77.5)	2869(11.6)
2008	2168(8.4)	556(2.1)	345(1.3)	20119(77.6)	2738(10.6)
2012	2219(8.6)	509(2.0)	388(1.5)	19744(76.5)	2953(11.4)
2015	2370(9.2)	565(2.2)	365(1.4)	19561(75.7)	2982(11.5)

出典：INSEE，雇用調査各年より筆者作成。

2015)。さらに２００９年1月から再就職困難な人の再就職先として起業を推進する政策も始まったが、かけもちしなければ生活が成りたたないほどの低い収入水準で、ワーキングプアの温床になっている（Godeluck 2016 ; Eydoux 2016)。

このように労働市場が不安定化するなか、労働省は今後ますます進展するデジタル化・オートメーション化の労働市場にもたらす影響を検討するワーキンググループを組織し、２０１６年に報告書（「デジタル化報告書」）をまとめた（CNNum 2016)。「デジタル化報告書」は、デジタル化・オートメーション化は安定雇用と不安定雇用に労働市場を二極化させていき、さらに第3次産業を中心に大量に雇用が破壊されていく可能性を指摘した。そしてこうした労働市場の変化に対応するためには、従来の〝雇用〟にしばられず、労働市場の〝外〟で行われるものの社会的に価値を創出する〝活動〟（アソシエーション活動、地域活動、家庭内労働など）も広く労働とみなすことを奨励していくと同時に、それにあわせて富の再分配のあり方を再考する必要性があるとし、ＢＩ実験の実施に理解を示した（CNNum 2016 : 64-69, 178-182)。

ＲＳＡ批判とＢＩ

「デジタル化報告書」は同時に、安定雇用を前提にした従来の社会保障の枠組みから排除される不安定雇用労働者の増大、それに伴う社会保障給付費の増大、そして膨大な社会保障費を投じても貧困率が高止まりの状況にあるという点を

「フランス社会保護モデルの限界」とし、社会保障のあり方を模索した。特に、740万人（人口比にして11・1%）という最低所得保障受給者数の多さ、なかでも最も多い480万人のRSA受給者に対する風当たりは強く、RSAをBIに置き換える提案を正当化する流れを作ったといえる。

RSAをBIに置き換えるメリットとして強調されたのは1つには、RSAをBIに転換すれば、RSAの深刻な漏救問題の解決になるというものである（Hyafil 2016a）。RSA手当は「基礎RSA」（非就労者）と「活動RSA」（低所得者）に分かれているが、それぞれ漏救率は36%と68%であり、特に後者の「活動RSA」においては本来受給する権利を有している7割近い人が申請していない（Favrat et al. 2015）。そこでBIによって給付が自動化されればスティグマが生じなくなり漏救問題が解決できると主張する。

もう1つは、RSA受給者のような就労困難層の労働市場への統合を促すというものである（Hyafil 2016b）。労働市場のインサイダー（安定雇用）とアウトサイダー（非正規雇用）によって労働市場が分断された状況において、例えばRSA受給者が求職活動を要求されるようになれば、ますますアウトサイダーにいる人の労働条件が悪化する。しかしBIが一定額保障されれば、アウトサイダーの労働条件の交渉力が高まるため、労働市場から排除された人でもより安定的に労働市場に統合されるようになるという。さらに、手当が自動化されれば給付に関わる行政サービスを就労支援の方へ集中的に配分することができ労働市場への復帰支援が効果的にさえなると強調する。

このように、既存のフランス福祉国家のあり方を検討する枠組みのなかで、労働市場の変容とともに深刻化する労働年齢層の貧困に対応するために、BIがRSAの代替案として議論されている。

3　ベーシックインカム議論の潮流と具体案

本節では、1980年代以降のBI議論の潮流に位置づけながら、最近の具体的なBI提案を紹介する。BI議論の潮流は1980年代からの議論を踏まえると大きく2つに分けられる。1つは、雇用から解放する目的でBIを推進する立場で、1981年にアラン・カイエのイニシアチブで組織された「MAUSS」における議論を発端とするものである。アンドレ・ゴルツやフィリップ・ヴァン・パリースらの研究者たちは機関紙MAUSSを媒体にBIの議論を推進してきた。

もう1つは、自由主義的あるいは新自由主義的な立場からBIを推進する流れである。この立場は、BIを追求することで社会・財政システムをできるだけ市場や企業に委ねていこうとする意図を含み、特に労働を促すためにBIを活用しようとする。1989年に創設された「生存所得創設のためのアソシエーション（AIRE）」を中心とするグループの議論がそれにあたる。現在AIREの代表を務めるマルク・ドゥ・バスキアは、後述する2014年に発表された現代版負の所得税といわれる「リベール」を考案した1人である。

雇用からの解放アプローチ

雇用からの解放を目的とするBIの議論は、先に述べたように歴史的に位置づけると、1981年にカイエのイニシアチブで組織されたMAUSSにおいて展開された。1987年に組まれた機関紙「MAUSS」のBI特集は、ベルギーで推進されてきた議論を紹介することで、フランスでの議論を呼び込むことを狙ったものであった。より多くの研究者の関心ごとになった1990年代後半に再び組まれた特集では、BIに対する賛成・反対のそれぞれの議論や具体的なＢＩ計画が掲載されるまでになった。

「ＭＡＵＳＳ」を代表するゴルツは、労働は社会統合の重要な条件であり、労働によって人は解放されるという考えから、１９６０年代にはＢＩに対して否定的な立場であった。しかし、ポスト工業化社会において生産過程に投入される労働量が減少していくなか、１９８０年に出版された『さらば、プロレタリア！』を皮切りに、彼は「生産のプロセスに参加することに基づかない市民に基づいた経済的権利」、すなわち「生産の社会的プロセスに各市民が参加していることに対する報酬として（傍点筆者）」の「市民給与」なるＢＩを提案し、「賃労働に縛られない社会」を模索するようになった（Gollain 2015）。

こうした１９９０年代後半の「雇用社会の終焉」につながる議論はＢＩ擁護の根拠として根強く、ＡＩの議論と相まってますます優勢となっている。「さらば賃金雇用、労働万歳！」（Stiegler 2015）に象徴されるように、フランスでは１９９５年にボアソナレポートが出されて以降、「賃金雇用」と「労働」とを区別し賃金雇用は労働の一形態とし、さらにはあらゆる人間的「活動」も経済的価値のある「労働」であるとする労働概念の拡大・再解釈が行われた。そしてあらゆる労働への参加をもってＢＩが正当化されるようになっている。

例えば、バティスト・ミロンドは、「各個人が自らの選択した活動によって社会の豊かさに貢献することができるならば、あらゆる活動が社会にとって有用であり、実際に富の創出や福祉に貢献している」（Mylondo 2010）ため、「ブロットで遊び、本を読み、映画をみて、ビデオゲームをする……これらのあらゆる活動が社会の富に貢献し、社会的有用という特徴によって労働とみなされなければならない」（Mylondo 2015）と考える。

ミロンドのＢＩ計画

ここでミロンドの考案するＢＩ提案をみてみよう。富裕層も貧困層も関係なく、また収入の有無や代償を伴うことなく、生まれてから亡くなるまで、すべての個人に与えられる無条件所得を考案するミロンドは、脱成長（Decroissant）を唱える経済学者の1人で、貧困のみならず格差をなくすこと、労働の価値の優位性や消費社会を再検討する必要があるとし、社会的公正の保たれた持続可能な社会を実現する有効な手段としてＢＩを捉えている。ミロンドはＢＩを社会扶助でも移転所得でもなく、無条件〝給与〟とでも呼ぶべき当初所得として考えている。

ミロンドが提案する給付額は、恒常的に雇用から離れていられることを可能とする額として貧困ラインを挙げている。既存のどの手当をＢＩに含めるかについては、「有利に置き換え可能な手当のみ」としており、具体的にはＲＳＡ、失業者の最低所得保障（ＡＳＳ）、家族手当、住宅手当、奨学金、就労復帰関連の諸手当を挙げている。他方で、障害者の最低所得保障（ＡＡＨ）、年金、失業保険は含めない。必要とされる総額４７００億€の財源について、ＲＳＡを含む従来の社会扶助・社会手当などを統合して得られる財源では不足する３５００億€を、企業税、資産税、個人所得への比例税、高所得者への強化された累進税を組み合わせることを提案している（Mylondo 2012）。

新自由主義的アプローチ

もう1つの潮流はＡＩＲＥを中心とするものである。ＡＩＲＥはヨーロッパレベルでのＢＩ推進団体である「ベーシックインカムヨーロッパネットワーク（ＢＩＥＮ）」の創設に関わった故ヨラン・ブレッソンの推進のもと１９８９年にフランスで創設された。

ＡＩＲＥは、ＭＡＵＳＳの系譜のように、生産性の増大によって雇用量が減少していくという見通しを同じくし、さらに経済的対価を認められてこなかったような「活動」も労働と認める。しかしこの立場は特に雇用量の制約を突破（失業を克服）するために労働の概念を拡大する。そのため、賃金よりも低くなりがちな活動の報酬に対して、経済的な追加的支援としてのＢＩを要求する。例えばブレッソンは、ＢＩの額を月１５００フラン（当時。日本円で３万円程度）と労働インセンティブを損なわないような低額に設定しており、ＢＩはあくまでも労働所得の補てんとして位置づけられている。また、この系譜は失業の原因を労働コストが高いことに求めるため、企業の採用意欲を高めるために労働市場の規制緩和や最低賃金の廃止をだき合わせたＢＩ提案する（Ramaux 1997）。

現代版負の所得税：リベール（Liber）

新自由主義的アプローチのなかで最も有名なリベールについて紹介する。ＡＩＲＥの代表も務めているバスキアは、右派系のシンクタンクを創設しその代表を務めているガスパール・コーニンとともに、『リベール、すべての人に自由所得を—フランスにおける負の所得税の提案』のなかでＢＩ構想を発表した（Basquiat et al. 2014）。リベールはミルトン・フリードマンによって提案された負の所得税から着想を得たものといわれ、支給単位を個人化（家族係数の廃止）し、わかりづらい社会保障や税制を単純化しながら、「怠惰な人を維持するのではなく同じ社会を構成するメンバーに生存の手段を保障する（Basquiat et al. 2014：8）」ことをめざしている。

リベールは２０１４年時点で、成人で月４８０€、14～18歳で月２７０€、14歳未満で２００€と設定している。「リベルタックス（la libertaxe）」と呼ばれるあらゆる所得に対して課税される23％の比例税とリベールの差額がマイナスになれば、その分を「自由所得（un revenue de liberté）」として現金給付される、いわゆる給付つき税額控除である。リベールは申請の必要がないため行政のコントロール、不正受給、漏給に関する問題がまとめて解決できること、また、費用は年間３５００億€（社会保障費のおよそ半分）と財政難の状況下でも実現可能性があると、その意義を強調する。

具体的な実施方法として、ＲＳＡのシステムをベースに段階的にＢＩへ置き換えることを提案している。すなわち第１に収入要件や代償を求めず手当を自動的な支払いにする、第２に手当を個人単位に変える、最後に、対象を拡大し普遍主義化するというものである。ＲＳＡだけでなく、失業者や高齢者の最低所得保障、家族手当、高等教育の奨学金を廃止してＢＩに置き換える。しかし、年金、失業保険、障害者の最低所得保障、住宅手当、補足的医療保障は統合しない。

リベールは「解放する」という動詞 Libérer から作られた言葉であるが、ニーズを抱えた個人を行政のコントロールから解放する、国家を非効率な扶助を増設することから解放する、そして企業を会保険料の負担義務から解放するという複数の含意をもつとの指摘もなされている。まさにリベールは、逆進性の強い課税方法を採用する一方で、企業負担分の医療保険料の廃止も謳っており、企業の果たすべき責任のあり方に関わる問題を提起する。またリベールの水準は現行のＲＳＡと同等程度の額であり、ＢＩだけでは貧困は解決しえない。特に高齢者などの不就労世帯は、より状況が悪化する場合があると批判されている（Clerc 2015）。

以上みてきたように、ＢＩは１９８０年代から労働市場の変容とともに大きくは２つの潮流のなかで議論されてきた。現在、労働市場の不安定性の強まりとともに再びＲＳＡの代替案としてＢＩは議論されているが、基本的にはこの２つの潮流に位置づくといえる。なお、ＢＩの役割を福祉国家の修正・維持を図ったものと捉えて「社会主義アプローチ」とする３つ目のアプローチを与える議論も出てきている。

4　ベーシックインカムに対する批判

これまでＢＩに賛同する議論を取り上げてきたが、実際にはＢＩに批判的な見方も根強くある。紙幅の都合上、ＢＩを推進する議論が前提にしていることに対する批判点を中心に取り上げて紹介する。例えば、Husson（2016）や Harribey（2016）を参考にすると、ＢＩ推進議論の前提に対して大きく３つの疑問を呈している。１つ目は、ＢＩの議論が生産性が向上することによって完全雇用がもはや達成されなくなるだろうという完全雇用の放棄を前提としている点である。なぜなら賃労働が減少している統計は一国レベルのみならず世界的なレベルでも確認されておらず、また歴史的にみても生産性の上昇が失業の低下となって現れているわけではないからである。例えば、フランスでは時間当たりの労働生産性の平均上昇リズムは１９５０年代から74年までの間は５・６％を超えていたが、１９７５年から89年には３・１％、90年代以降はさらに減少して２〜１・５％に過ぎない。しかし同時期の失業率は２％から現在では10％まで上昇しているのである。したがって、ＡＩによるデジタル革命による労働生産性の上昇が雇用量の減少をもたらし失業がますます避けがたい事象となっていくといったことを前提としてＢＩを正当化することはできないと反論する。

２つ目は、ＢＩが賃労働から個人を解放し有用な活動に取り組むことを可能にする、という前提に対する批判である。ＢＩは失業の心配を消しさり、また労使関係においてもよりよい労働条件を資本家に要求することができる手段を労働者に与えると、その有益性が強調されるが、雇用主は実際にＢＩを理由に労働者の賃金をカットするかもしれないし、むしろ最低賃金を回避するためにＢＩの導入に前向きになる企業も少なくないだろうと反論する。

３つ目は、すべての人間的活動が価値の源泉になりうるという労働概念の拡大を前提にしていることに対してである。ミロンドが主張したような経済的価値を認められていないような活動にまで労働の概念が拡大された場合、これまで政治経済学の分野で積み重ねられてきた「価値の源泉は労働にある」とする経済理論を放棄することになるため、経済（学）の根本に関わることとして批判されている。

こうしたＢＩ推進の前提に対する批判に加えて、ＢＩが本当に貧困を解決しうるかどうかに対する疑義も出されている。貧困と社会的排除観測機構（ＯＮＰＥＳ）(2)（2014-2015）は、そもそも社会生活に効果的に参加するために必要な最小限の財とサービスをマーケットバスケット方式で定め、それらを金銭に換算しているが、それによれば、単身で

1424€であり、貧困ラインの1・5倍は必要となる。しかし、実際にBI提案として提示されている金額の多くは基礎RSA（500€程度）から多くとも貧困ラインの1000€程度でしかない。ONPES（2014-2015）と同等の額を主張するBI論者はまずいない。また貧困は単なる収入の不足だけではなく、基本的な財・サービスへのアクセス、スティグマ、承認の欠如も貧困に含まれるとして、BIの議論によって貧困問題が金銭的な面のみに矮小化されること自体に警笛を鳴らしている。

おわりに

フランスのBI議論は、リーマンショック以降の貧困・格差拡大のなかで、増大する社会保障費の問題を背景に、RSAを含む社会保障の各種手当の統合をまとって議論されている。労働市場の不安定化が常態化するなかで、フランス福祉国家の新たな方向を模索する1つの動きであるともいえる。しかし、フォード主義の妥協において20世紀を通して構築されてきた社会保障、すなわち、雇用に付随する所得に基づいてあらゆる再分配政策が構築されていることは、現在でも変わっていない（Dourgnon 2015）。しかも、RSAは現金給付である点、厳密な国籍要件がない点、そして事前の拠出が必要でない点についてはBIの特徴を備えているといえるが、給付要件・給付額の算定が世帯単位である点、他の手当や所得によって給付額が変動する点、また代償として社会的・職業的参入支援が義務づけられている点など、BIの本質的要素とはまったく異なる性格の給付である（Damon 2016）。

マクロン大統領の貧困政策の方向性をみる限り、BIによって既存の社会保障制度の理念を含む根本的なところから変革していこうというよりも、労働の重要性をこれまで以上に重要視しつつ、既存の社会保障制度を修正・維持する動きとして続いていくだろう。

(1) フランスでは「社会的ミニマム」ともいわれるが、最低所得保障手当・制度の総称である。高齢、障害、失業、貧困など10のカテゴリーに分かれているが、そのなかでRSAは（年齢要件を除き）唯一貧困に陥った理由を問わない最低所得保障である。

(2) 1998年の反排除法のもとで創設された公的な組織。担当行政官、学識経験者、貧困・社会的排除に関する専門家の3者からなる28人のメンバーで構成されている。貧困・社会的排除に関する様々なデータを収集するだけでなく、調査なども行い年次報告書としてまとめ政府、国会に提出する。

第７章

スイスにおけるベーシックインカム

【小谷英生】

はじめに：2016年国民投票を中心として

２０１６年６月５日、世界中を速報が駆け巡った。「万人に保障された所得を？　スイス国民投票の答えはノー・サンクス」（ニューヨーク・タイムズ）。「スイスの投票人、すべての成人・子どもにベーシックインカムを与える提案を拒絶」（ザ・ガーディアン）。

この日スイスでは、世界で初めてベーシックインカム（以下、ＢＩ）導入をめぐる国民投票が行われた。そして「他の諸国・諸都市が検討中か試験的プログラムを開始したばかりというなかで、スイスは普遍的なＢＩプランをめぐって選挙を行った初めての国」（Minder 2016）となったのである。

ＢＩ導入の是非をめぐる国民投票というニュースを目にした人々は、次のような印象を抱いただろう。北欧のような福祉国家のみならず、スイスでもＢＩ導入は国民的議論となっており、しかも国民投票まで行われたのだ。やはりＢＩは国際的にみても最先端の政策である、と。

だが、スイスの事例を根拠にこうした推測をするのは的外れである。なぜならスイスの国民投票は、国民的議論が盛り上がり、機が熟した結果として行われたわけではなかったからだ。投票結果をみてみよう。賛成56万８６６０票（23・１％）に対し、反対はなんと１８９万７５２８票（76・９％）であった。つまりＢＩは圧倒的多数で否決されたわけである（Schweizerische Eidgenossenschaft 2016）。にもかかわらず、この結果は推進派を一定程度満足させたようである。世界最大級のスイス・ニュースサイト「スイスインフォ（Swissinfo. ch）」は次のように伝えている。

投票結果が出揃った5日午後、バーゼル・シュタット州やジュラ州では、ＢＩ導入案への反対が約64％で、スイス全体の76・9％を大きく下回ることが判明した。こうした動きを味方にして、バーゼル州の支持派は「スイス国民の23％が賛成した」という大きな文字を、建物の外壁に設置された巨大スクリーンに掲げた。

仏語圏のル・タン紙のインタビューによると、仏語圏のＢＩ導入提案グループの代表ラルフ・クンディグ氏も同様に、「23％もの国民が賛成してくれた。名誉なことだった」と話した。「緑の党からしか賛同を得られなかったので、敗北ははじめから分かっていた。だが、ＢＩに関する議論を巻き起こすことが、今こそ重要だと思う。」

（里信ほか 2016）

このようにＢＩ導入推進派にとって、国民投票は国民的議論を開始するための旗印のようなものであり、国民の約23％、すなわち２００万人近くが賛成票を投じたことは、推進派にとって積極的な意味をもつものだったわけである。先の国民投票は、推進派にとっていわば公告と意識調査を兼ねていたのである。

本稿では、この２０１６年の国民投票を軸に、スイスにおけるＢＩ導入運動をめぐる動きとその問題点を分析する。

1　国民投票に至るまでのベーシックインカム導入推進派の戦略

先述のように２０１６年6月5日に行われた国民投票では、約74％の反対をもってＢＩ導入は否決された。この結論は圧倒的多数のスイス人がＢＩ導入に反対だったことを意味している。それならばそもそもなぜ、ＢＩは国民投票にかけられたのか。

国民投票の仕組み

スイスでは直接民主制が尊重されており、それが国民投票（Referendum）として制度化されている。この制度を利用するのは難しくない。発議のための条件は、10万人分の署名である。スイスの人口は８４２万人（２０１７年）であるから、単純計算で約１・２％の署名が得られれば、国民投票が可能となる仕組みである（これは国民発議〔Volksinitiative〕と呼ばれる）。

したがって国民投票の実施それ自体は、国民的議論の成熟なしに可能である。それもあってスイス連邦議会は、ＢＩ導入に関する国民投票案の告知文書第２条に「連邦議会は国民と諸都市に、この国民発議を否決するよう奨める」（Schweizerischer Bundesrat 2015）と明記したのであった。

ＢＩ推進派の運動

次に、国民投票発議に至るまでの経緯を確認しておこう。

スイスにおけるＢＩ導入運動が本格的に始まるのは２０００年代に入ってからのことである。３つの団体が設立された。１つ目は、２００１年にジュネーブで設立された「ＢＩＥＮスイス支部（BIEN-Schweiz）」である。ＢＩＥＮはBasic Income Earth Networkのことであり、ホームページでもこの国際ネットワークの枠組みで活動していく旨が銘記されている（BIEN-CH 2018）。

２つ目は、２００６年にエンノ・シュミットとダニエル・ヘニがバーゼルで創設した「ＢＩ発議をめざす会（Initiative Grundeinkommen）」である。

３つ目は、ダニエル・シュトラウプとクリスティアン・ミュラーが２０１０年にチューリッヒで設立した「ＢＩエージェンシー（Agentur [mit] Grundeinkommen）」である。

最初の団体は主としてフランス語系スイス人によるものであり、後二者はドイツ語系である。そして国民投票を成し遂げた現在では、「ＢＩ発議を目指す会」と「ＢＩエージェンシー」は合同して「ベーシックインカム（Grundein-kommen）」を名乗り、ヘニをフロントマンとして活動を続けている。

こうした動きに加え、トービン税導入をめざす社会運動団体「ＡＴＴＡＣ（Association for the Taxation of Financial Transactions for the Aid of Citizens）」もＢＩ導入賛成に回っている。緑の党も同様の立場をとったことは、先ほど引用した「スイスインフォ」の記事にも示されていたとおりである。こうした諸勢力を中心として、国民投票を求める運動が始まったのが２０１２年４月であった。年内には４万２０００人分の署名が集まり、翌13年４月には約７万人、10月には13万人に達したのである。

スイス連邦会議文書：ＢＩは自由権か社会権か？

ＢＩ導入の是非をめぐる国民投票は、２０１５年12月18日のスイス連邦会議文書において正式に認められた。同文書では署名の有効性が確認されたうえで、憲法第１１０条改正案の是非を問うことが告知されている。

連邦憲法は以下のように改正される。

１１０ａ条

１　連邦はＢＩを導入するよう手配する。

２　ＢＩは全住民（alle Bevölkerung）が人間の尊厳に適った存在となり、開かれた生活に参加できるものでなければならない。

3　特に財政支出とＢＩの額については法律で定める。

(Schweizerischer Bundesrat 2015)

この改正案については少し説明が必要だろう。まず、改正（条文追加）のターゲットとなった第１１０条は、スイス連邦憲法第３篇「連邦、州、自治体」第２章「権限」の第７節「住居、労働、社会保障、健康」に記載された、「労働」と題された条文である。同条文はその名のとおり、労働者保護や労使関係保障における行政介入権限を定めたものである。したがってＢＩ推進派はＢＩを、労働に対する政治介入として位置づけていたことがわかる。

しかしＢＩにこのような位置づけが与えられたのは、ＢＩがいわゆる社会権、すなわちセーフティネットを拡大し、機会均等を保障するような権利だからではない。ＢＩ推進派が主張するのは、望まない労働からの個人の解放である。「ＢＩは、人々が望まないけれども所得のために行うような仕事を拒否することができ、支払いのない〔アクティビティへの〕参加を可能にするのに十分な金額であるべきである」(Müller u. Straub 2012 : Nr. 89)。つまりＢＩは個人の積極的自由を拡大する政策であり、つまるところ自由権を保障するための政策なのである。「ＢＩは基本的権利である」(Häni u. Kovce 2016 : Nr. 966) と推進派がいうときにも、ＢＩは自由権として理解されている。

2　ベーシックインカム推進派の主張——ヘニとコーヴスを例に

BI導入の目的

ＢＩ推進派の主張をもう少し詳しく分析していこう。

ＢＩ導入推進派による代表的書籍は以下の２つである。「ＢＩエージェンシー」の代表であるミュラーとシュトラウプによる『スイスの解放』（2012）と、「ＢＩ発議をめざす会」代表のヘニと若きドイツ人ジャーナリスト、フィリップ・コーヴスによる『自由のための投票』（2015 独語版、2016 英語版）である。どちらの書物もＢＩ推進団体によるものであるため、プロパガンダ色は当然強い。著者たちは特定のイデオロギーを忌避しようと努めているが、全体として新自由主義的で貴族主義的なユートピアが描き出されている。

ここではヘニとコーヴスの主張に絞って考察していこう。彼らはＢＩ導入をめぐる国民投票の本質を、次のように表現している。

> スイスの人民が問われているのは２つである。第１に、私たちは実際に何を望んでいるのか？ もしも自分のために収入を得る心配がなくなったとしたら、私は何をするだろうか？ ……第２に、他者が生活するために必要とする基礎的な事柄を無条件に与えることに、私は同意するだろうか？
>
> (Häni u. Kovce 2016 : Nr. 134)

すぐにわかるように、第１の問いは私の意志と欲求に関するものであり、第２の問いは他者への配慮に関するものである。先の改正案にも示されていたように、「ＢＩは全住民が人間の尊厳に適った存在となり、開かれた生活に参加できるものでなければならない」とある以上、ＢＩは私やあなたの単なる生活保障に加え、積極的自由を実現しなければならないとされている。

ＢＩは生活を保障するか

しかし、そもそもＢＩは生活保障にとってさえ不十分ではないだろうか。ＢＩが生活必要品のために使用される保証はどこにもないからである。ＢＩが現物支給ではなく現金支給である以上、生活保障にどれほど有効かについては慎重に判断する必要がある。

しかしこの問題に対して、ヘニとコーヴスはただお茶を濁している。彼らは生活保障など、簡単なゴールだと考えているようである。たしかに彼らも「今日でもいまだに多くの人々が基礎的ニーズを満たすための手段を享受できず苦しんでいる」（Häni u. Kovce 2016 : Nr. 199）ことは認識している。しかもこれがＢＩによって解決できないことも十分承知している。

現在地球上に住んでいるよりも多くの人々を養う能力を私たちがもっており、にもかかわらず無数の人々がいまだ飢餓に苦しんでいるとすれば、その理由は私たちが富を稀少なもの、乏しい量の善、限定的な資源として扱っているからである。実際に存在している豊かさを適切なやり方で扱う能力が、欠如しているわけである。

（Häni u. Kovce 2016 : Nr. 200）

有り体にいえばヘニとコーヴスは、市場を通じた富の不平等配分こそが貧困の原因であると主張している。そうであれば基礎的ニーズが安定的に満たされるためには、ＢＩに加え（あるいはＢＩではなく）富の不平等配分の是正も必要となるはずである。ところが彼らはこの点には踏み込まない。ＢＩ推進派の多くがそうであるように、彼らは新自由主義的な経済システムや自己責任的個人主義を批判せず、むしろそれらを促進しようとさえしている。上の引用でも、富の不平等配分は経済構造ではなく私たちの能力のせいだとされているように、ヘニとコーヴスの議論には〈現代社会の諸問題は能力や技術で克服できるはずだ〉という楽観的な進歩史観が見え隠れする。

BIは他者への信用を創出するか

こうした楽観視ゆえに、ヘニとコーヴスのBI推進論はいくつかの問題を抱えている。まず、財政問題に難点がある（後述）。また、自由のパラドックスともいうべき問題もある。なるほど、リベラリストがBIを好むとすれば、諸個人が自らの基礎的ニーズを自己決定できるという点にあるだろう（実際に自己決定できるかどうかは当人のケイパビリティ、社会的位置、そして市況しだいなのであるが）。しかし貨幣はいかなる商品とも交換可能なのだから——そして貨幣使用の自由を制限することはできないのだから——、基礎的ニーズにBIが拠出される可能性は常に残る。繰り返すが、BIないし現金支給が、基礎的ニーズを満たすことに用いられるとは限らないのである(1)。

これに対してヘニとコーヴスが提案するのは、〈BIは人々相互の信頼を回復する〉という奇妙なテーゼである。すなわち、「その存在が脅かされている人々は信頼されることができない」のだから、BIによって存在を保障しさえすれば、信頼は回復される。「BIは2つのことを達成する。BIは個人の生存を保証する。……そしてBIは当人を信頼可能な個人にする」（Häni u. Kovce 2016 : Nr. 1641）。このテーゼは明らかな転倒である。というのも不信感はまさに「BIは個人の生存を保証する」というその点に向けられているのだから。ヘニとコーヴスは、BIを支給してもなおうまく生活できない人々がいるという事実を無視しているか、彼らを切り捨てる自己責任論を展開しているようにみえる。

3　ベーシックインカム支給額と財政問題

多くのBI賛成論と同様、ヘニとコーヴスもまたBIを現代社会の病理に対する特効薬として提示している。こうした想定が可能なのは、彼らが現代社会を単純化し、かつ肯定的に理解しているからである。この社会はBIを有効活用し、生活を合理的にコントロールできるような人々のみからなり立っているわけではない。したがって、ＢＩが生活保障たりうるのはどうかが疑わしいが、彼らにはこうした視点が欠如しているわけである。

ＢＩ支給額

次に、ＢＩ支給額と財政負担についての推進派の主張に目を移したい。

先に引用した改正案には「特に財政支出とＢＩの額については法律で定める」とあり、スイス連邦参議院による解説文書では、一例として18歳以上に月額２５００フラン、18歳未満に６２５フランという数字が提示されていた（schweizeriche Eidgenossenschaft 2016: S. 14。なおこの額はミュラー&シュトラウプによる試算を踏襲したものである）。

１スイスフラン＝１１３円で計算すれば、６２５フランは28万２５００円である。日本円の感覚からすると、かなりの高額にみえる。ところがスイス人の平均月収は約６０００フランであり、２５００フランは生活保護支給額にしかならないのが実情である。

推進派のミュラーとシュトラウプは次のように言う。「もしもある人が６０００フラン稼いでいたとしたら、その人はＢＩ導入後も原則として６０００フランの所得を得ることになる。……新たに２５００フランのＢＩと３５００フランの給与所得となる」（Müller u. Straub 2012: Nr. 516）。もっともこれは名目上のものであり、実際の給与が３５００フランになるわけではない。ミュラーとシュトラウプが提案しているのは、２５００フラン以上の月収についてはＢＩが支給されたものとみなすという仕組みだからである。

この仕組みを用いれば、ＢＩに必要とされる年間約２０００億フランのうち、１２８０億フランは賃金により相殺され、政府の拠出から除外される。さらに、残りの７２０億フランのうち、７００億フランは現行の社会保障費を置き換えることで拠出する（ただし、２００８年の数字をもとに計算すると、社会保障費全体は１２４０億フランであるから、推進派は社会保障費すべてをＢＩにスライドさせようと考えているわけではない）。よってＢＩ導入によって新たに必要となる支出は年間20億フラン（２２６０億円）である。これがミュラーとシュトラウプの主張である（Müller u. Straub 2012: Nr. 516ff.）。

ＢＩは継続的に運用可能か

この計算の妥当性については判断が難しいが、そもそもの前提に関して疑問が残る。というのも、まさに推進派がＢＩを労働問題と捉えているように、ＢＩは労働のあり方を大きく変えてしまいかねないからである。例えば、現在望まない労働に従事している人は、働くことを辞めて２５００フランのＢＩ給付を選ぶかもしれない。その場合、政府の財政支出は純増することになる。また、２５００フラン以上の所得にはＢＩが含まれているという発想は、いわばみなし再分配であり、企業にＢＩを肩代わりさせることを意味している。結果として政府の企業依存度が高まり、政策立案に企業の意向が反映されやすくなることが懸念される。

このようにＢＩにかかる財政は、人々の労働意欲と企業の動向に大きく左右されることになる。そうであればＢＩ導入の実現可能性はもとより、その継続的な運用可能性については首をかしげざるをえない。この問題についてはＢＩ導入推進派も自覚しているようである。再びヘニとコーヴスを引用すれば、次のようにある。

スイスの諸政党はＢＩを否決するよう奨めるだろう。その論拠は財政支出の不可能性、結果を見通すことの不可能性、仕事をするインセンティブの失効に対する懸念であるだろう。おまけに、彼らはＢＩが反社会的で新自由主義的であるとか、反自由主義的で社会主義的であるとか言うであろう。

（Häni u. Kovce 2016, Nr. 979）

だが、これに対してヘニとコーヴスは、ＢＩは基本的人権であり、また市民社会における人々相互の信頼関係を築くために必要であると強弁するだけである。しかしすでに見たように、彼らの議論は説得力不足である。

4　さらなる問題点

ＢＩは望まない労働からの解放か

以上のようにスイスのＢＩ推進派は、生活保障という点でも財政支出可能性という点でも説得的な議論を提示できてはいない。加えて指摘されるべきは、ＢＩは望まない労働からの解放にすら失敗するであろうことである。この点について、ＢＩ推進派の主張にはごまかしがある。シュトラウプはあるインタビューのなかで、「私たちは最低所得を提案しているのではなく、無条件所得を提案している」（Taylor 2013）と述べているが、すでにみたように実際には最低所得相当額を提案していたからである。

また、シュトラウプは２５００フランが十分な額か否かを尋ねられ、「それはスイスのどこに住んでいるかによる。平均的には平穏な生活スタイルにとって十分である」（Taylor 2013）と答えているが、これについても同様である。「スイスインフォ」の興味深い記事によると、平均所得で暮らすスイス人の生活コストは表７－１のようにモデル化される。記事によれば、より広い（家賃の高い）住宅を借りたり、子どもを育てたりすることを考えると、生活コストはさらに重くなると

表７－１　スイス人の標準的生活コスト

名　目	スイスフラン	日本円換算
家　賃	1200	135,600
税　金	850	96,050
年金積立金	550	62,150
健康保険料	330	37,290
その他保険料	100	11,300
電話代	150	16,950
交通費	460	51,980
その他健康に関する費用	180	2,340
飲食費	450	50,850
計	4,270	482,510

出典：Mariani（2017）。

いう。
それはさておき、表で示された4270フランから税金と年金積立金を除いてみると、標準的生活のためには2870フランが必要であることがわかる。つまり平均所得で生活している人は、現在の生活水準を維持したいならばBIを頼って仕事を辞めることができないのである。したがってBIが望まない労働からの解放をもたらすという主張は幻想である。

越境労働者問題

以上に加えて、スイス独自の深刻な問題がある。それは越境労働者（スイス国外に住み、スイスで働く人々）の問題である。

ジュネーヴの事例をみてみよう。ジュネーヴ州を含むフランスとの国境地域には、「グラン・ジュネーヴ」というスイスとフランスをまたぐ都市経済圏が広がっている。サミュエル・ヤベルクによれば（ヤベルク 2018）、ジュネーヴ州では10万人以上のフランス人が越境労働者として働いている。また、同州の物価の高さから、フランス側に住むスイス人も多く、フランス側に住民登録していない不法滞在者だけで2万人を超すという。2013年に創設された「国境のない住民」代表のフーダ・ハッタビは次のように述べている。

> 私たちスイス人越境労働者はフランス人越境労働者が受けるのと全く同じ差別を受けている。いいとこ取りをしてずるいと私たちは中傷される。職場での嫌がらせは日常茶飯事だ。州議会選挙に向けて、越境労働に反対するポスターが公共の場にべたべたと貼られる。私たちから見れば差別でしかない話をためらいもなく口にする人もいる。
> （ヤベルク 2018）

「いいとこ取りをしてずるい」というのが、越境労働者たちの被る差別である。彼らはスイス国内の高い税金や物価を避けつつ、スイスフランによる高い収入と国外の安い物価を享受していると考えられているのである。

こうした差別は2013年10月のジュネーヴ州政府・州議会選挙における右派政党のキャンペーンでも使用された。ヤベルクが取材した別記事には次のようにある。

「ジュネーブ人の敵!越境労働者はもうたくさんだ!ジュネーブの雇用確保を!」。ジュネーブ州で2番目に大きなジュネーブ州民運動党（MCG）は、10月6日に行われる州政府、州議会選挙に向けて早くも選挙活動の狙いを定めた。また、その同志である隣州のヴォー州民運動党（MCV）もそのホームページを見る限り、負けてはいないようだ。「フランスからの大量の越境労働者は、（車で通勤して来るため）道路のインフラの機能低下を引き起こし、大気汚染を助長する。また賃金を抑圧し、多くのスイス人を生活保護へと追いやっている」。（ヤベルク 2013）

ところが、ハッタビによれば「越境労働者は、税金と社会保険料の3分の2をジュネーブ州に納めている。さらに、国籍がスイスであるかヨーロッパ諸国であるかにかかわらず、ジュネーブ州の国内総生産（GDP）の20%余りに貢献し、毎年25億フランをジュネーブ州で消費している」（ヤベルク 2018）。つまり「いいとこ取り」とは先入観にすぎないわけである。第一、越境労働者なしにジュネーヴ州の経済が成り立たないことは明らかである。移民の労働は必要だが移民そのものはいらないという差別意識は、残念ながら万国共通のようである。

ジュネーヴはBIENスイス支部が活動している地域である。こうした経済構造のいびつさのなかでBIが導入されたらいったいどうなるだろうか。

ここで、先述した憲法改正案のなかで、ＢＩ支給対象者は全住民となっていたことを思い出してほしい。つまりスイス人（スイス国籍保有者）ですら、越境労働者はＢＩ支給の対象者には含まれていないのである。これは大きな不公平である。仮にＢＩが導入されたならば、ジュネーヴはスイス住民といういわば特権階級と、そうでない人々とがごった返す場所になるだろう。そこから様々なトラブルが生じることは目に見えている。

しかも２０１５年の国民投票の結果を受けて、移民制限も強化されようとしている。越境労働者はますます増加し、いわば二級市民として、望まない労働に従事し続けることになる。

結局スイス住民にとっても、越境労働者にとっても、ＢＩによる労働からの解放など夢のまた夢なのである。

おわりに：変わりゆくスイス

世界一豊かな国とも呼ばれ、日本では「アルプスの少女ハイジ」に代表される牧歌的なイメージの強いスイスであるが、現在、社会的分断がますます露骨になってきている。移民制限と越境労働者バッシングに代表されるように、社会的弱者に対する不信感が強まっており、彼らに対する風当たりは冷たい。２０１４年から始まった大規模な貧困対策プログラムについては、今後5年間の事業費が大幅にカットされる運びとなった（Swiss info. ch 2018）。ヴォー州では物乞いの禁止をめぐる運動が起きており、裁判にまで発展している（クロフォード 2017）。皮肉なことだが、こうした社会不安がＢＩ導入推進運動のモチベーションの１つになっていることも間違いないだろう。

しかし本稿で論じてきたように、ＢＩ導入は推進派の望む結果をもたらさない。むしろ、さらなる分断をスイス社会にもたらす懸念の方が強い。

それでもＢＩ導入推進運動はなおも継続中である。チューリッヒ州に位置するノライナウという人口１３００名の村では、1年間限定で全住民にＢＩを支給する実験が始まった（Angstmann 2018）。だが、小規模な共同体における実験がたとえ成功しようとも、それはスイスという国家全体でＢＩが成功するかどうかの試金石にはなりはしない。所詮それは国際関係や階層分化を無視したユートピア的取り組みにすぎないからである。

豊かさの裏に様々な問題を抱えるスイスにとっても、ＢＩ導入は思考停止の産物のように思われる。

（1）そのため、例えば東浩紀のように、ＢＩの使い道を誰でもチェックできるような超監視社会の創設を主張するものが出てきても不思議ではない（東 2012）。もちろん超監視社会は自由を縮減させるため、リベラルな主張ではない。

第8章

韓国におけるベーシックインカム

【孔　栄鍾】

はじめに

近年、韓国社会ではベーシックインカム（以下、ＢＩ）への関心が高まっている。韓国でのＢＩ議論は、もはや談論にとどまらず、現実社会の政策代案として提示されており、さらには社会実験へとそのステージを移しているようにみえる。(1) 本稿では、まず韓国でＢＩ議論がどのように展開してきたのか、その歴史を追跡する。次に、韓国社会においてＢＩへの関心が高まっている原因を探るため、労働市場を中心にその背景となる社会現状を把握する。また、従来の社会保障システムの問題と、その政策代案として提案されているＢＩの具体的な内容を紹介する。最後に、その提案に対する評価を踏まえつつ、韓国社会におけるＢＩ議論の意義について考察する。

1　ベーシックインカム議論の登場と展開

学術領域におけるＢＩ議論の展開

韓国でのＢＩをめぐる学術的論議は、大きく3つの時期に区分することができる。以下では、キム・ギョソンほか(2017)の整理のもと、ＢＩに関する韓国学界での議論展開の特徴を検討する。

第1の時期は、１９９７年の通貨危機以降から拡大し始めた労働市場の不安定性に対する政策案として、ＢＩのアイデアが紹介され始めた2000年初頭である。この時期は、現実とはかけ離れた理想的なBIモデルの紹介にとどまり、その後2000年代後半までBIに関する学術論文が時どき登場する程度であった。

2010年前後となる第2の時期には、2010年に基本所得国際学術大会が韓国で開催されたことを契機に、BIに関連する研究報告書や翻訳書などが徐々に出版され始めた。この時期は、主に経済・ジェンダー・哲学分野の学者を中心として、BIをめぐる学術的論議が活性化した。

第3の時期は、BIへの関心が一般市民にまで広がり、現実政治でBIの導入が政策アジェンダとして浮上するなかで、それらに対する学界での本格的な賛否論争が展開された2016年以降から現在までをさす。第16回基本所得地球ネットワーク（Basic Income Earth Network：BIEN）世界大会がアジアでは初めてソウルにて開催されるとともに、BI論を代表する翻訳書（例えばヴァンパリースの『すべてに実質的な自由を』）が出版され大衆の関心がさらに拡大したのも、この時期である（キムほか 2017：290-291）。

最近では、翻訳書だけでなく韓国国内のBIに関する書籍も数多く出版されている。学術資料（学術論文、学術記事など）も、例えば、韓国の国会電子図書館システムで「基本所得」をキーワードに検索してみると、2006年から10年までに43件であったのが、2011年から15年には156件、2016年から現在（19年1月15日現時点）までには438件に急増している。キム・ギョソンほか（2017）は、BIをめぐる最近の学術的論議が、社会福祉学者を中心にBIと従来の社会保障システムとの「整合性」に着目していると指摘している。BIの導入を懸念する反対論者たちの主張は、BIが従来の社会保障システムをすべて代替するという右派的BI構想に基づいているが、韓国のBI導入を主張する論者たちのあいだでは、そのような構想はいまだに存在していない（キムほか 2017：292）。

政治領域におけるＢＩの登場と展開

韓国の政治領域において、ＢＩが政治的用語として登場したのは２００７年の大統領選挙のときであった。当時の韓国社会党所属の候補であったクム・ミン（現労働党政策委員長、基本所得ネットワーク運営委員）が、「全国民の基本所得制」を中核の政策公約として掲げたのである。それ以降、２０１２年に結成された緑の党がＢＩを党論として掲げたが、非現実的政策として社会的な反響を呼び起こすことはなかった。

ところが、スイスでのＢＩ導入に対する国民投票が各種メディアを通して紹介され、韓国においてもＢＩに関する市民の関心が高まり、社会的雰囲気が一変し始めた。ヨーロッパを中心に各国でＢＩの導入に向けた社会実験が相次ぐなかで、韓国でも２０１６年に城南市《ソンナム》（当時イ・ジェミョン市長）がＢＩをもとにする「青年配当」を導入し、同じ時期にソウル市（パク・ウォンスン市長）も「青年手当」の導入を試みる過程で中央政府（保健福祉部）との葛藤が生じるなど、韓国の現実政治もＢＩをめぐる本格的な論争局面に入ったのである。

そして、２０１７年に行われた第19代大統領選挙で、各党の主要候補たちがＢＩの政策公約を打ち出し、さらに国民的関心を集めた。民主党内の候補選出過程ではイ・ジェミョン（現京畿道知事）候補が完全ＢＩに近い政策公約を掲げ、パク・ウォンスン（現ソウル市長）候補も「韓国型基本所得制」という最も具体的なＢＩの構想案を示した。また、主要大統領候補であった民主党のムン・ジェイン（現大統領）や正義党のシム・サンジョン（現国会委員）候補などの進歩的政党を中心に、それぞれ異なる形でのＢＩを政策公約として掲げたのである。特にその過程で注目されたのは、政党や政治理念を問わずに、ほとんどの主要候補者らがＢＩに対しては肯定的な見解を示したという点である(2)。

現実政治では、顕在化する社会的問題とこれに対する国民的関心が公論化されることで、初めて政策アジェンダが形成されるのが一般的である。それでは、韓国においてＢＩに対する国民的関心が集まり、政策アジェンダとして浮上した背景には、どのような社会的問題状況が存在しているのか。次節では、韓国社会におけるＢＩの必要性を浮き彫りにしている社会的背景を考察する。

2　ベーシックインカム議論の背景——韓国の労働市場と社会保障制度の現状

韓国の労働市場

(1)　不安定雇用の拡大

脱工業化および経済グローバル化とともに始まった新自由主義市場経済への転換という労働市場の変化が、韓国の労働市場における失業の増大を生み出している。また、これらの失業者が非正規職労働に送り出されたり、逆に非正規職労働者が再び失業の状態に陥ったりするなど、不安定雇用の急激な拡大をもたらしている。増加傾向にあった失業者数は２０１１年から減少傾向を示していたが、14年から再び大幅に増加し、16年には１００万人（３・７％）を超えている（図８‐１）。この数値は１９９７年の通貨危機以来の最高値である。さらに、若年（15〜29歳）失業者数も２０１２年から継続的に増加しており、16年には40万人を超えて若年全体の約10％が失業状態にあることがわかる。

一方、韓国労働社会研究所によると、非正規職の規模は２００７年に約８７０万人でピークをむかえたが、それ以降は８６０万人前後で推移しており、その比率も統計が始まった２００１年の55・７％から17年の42・４％まで徐々に減少している。半面、正規職は継続的に増加し、２０１７年の時点では約１１４０万人で全体賃金労働者の57・６％を占めている。この推移だけをみると、非正規職から正規職への移動がみられるとの単純な解釈が出てくるかもしれないが、その可能性は非常に低い。ＯＥＣＤ（2013）が出した資料によると、韓国では非正規職に就いてから１年後に正規職へ転換される比率は11・１％に過ぎず、また3年後の転換比率も22・４％にとどまっている。これは、Ｏ

図8－1　韓国の失業者数と失業率の推移（単位：万人，％）

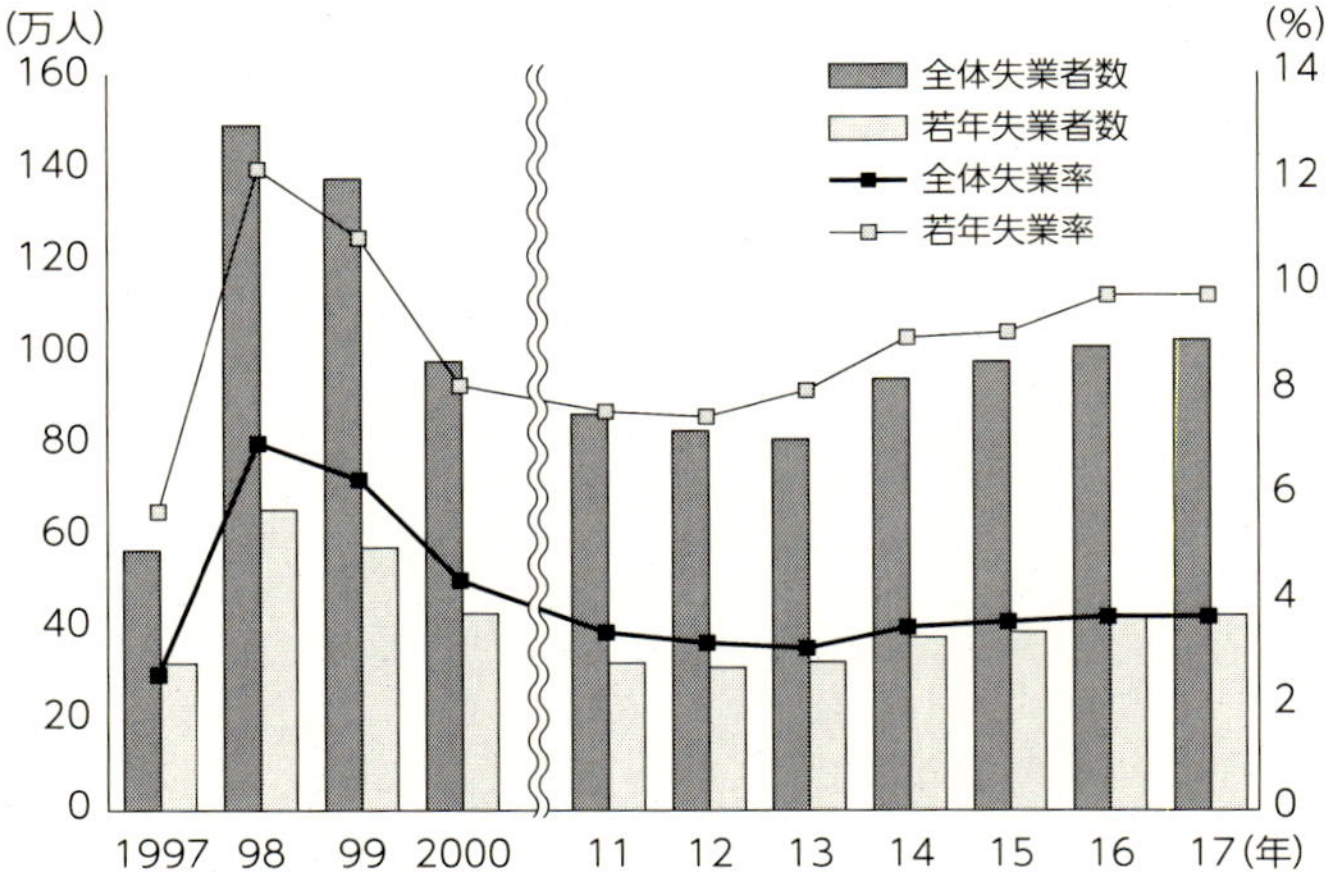

注：若年年齢基準（15～29歳）。
出典：統計庁「経済活動人口調査」をもとに筆者作成。

ＥＣＤ諸国（16か国）のなかで最も低い数値であり、ＯＥＣＤ平均（それぞれ35・5％、53・8％）の半分にも至らない水準である。[3]

(2) 第4次産業革命の可視化

もう1つ、ＢＩへの関心が高まっている背景には第4次産業革命の可視化がある。２０１６年３月に韓国の代表的囲碁棋士であるイ・セドル九段と人工知能アルファゴ（AlphaGO）のグーグルディープマインドチャレンジマッチが行われたが、予想を覆してのアルファゴの勝利は、第4次産業革命が近づいていることを大衆に認識させる契機となった。第4次産業革命で人間固有の領域だと思われていた知的労働や頭脳労働、サービス業などの産業において機械が人間を代替する可能性に対する人々の期待もしくはおそれが広がったのである（ヤン 2017：35）。問題は、韓国社会がこのような第4次産業革命による労働市場の変化に適切に対応する準備ができていないことにある。

イム・ユジンほか（2018）は、Union Bank of Switzerland（ＵＢＳ）による第4次産業革命に向けた国家競争力の評価を紹介しながら、韓国の場合、労働市場の柔軟性などが不十分であり、45か国のなかで25位の中下位に位置していると指摘している（イムほか 2018：141）。さらに、世界的な経営コンサルティング会社であるボストンコンサルティンググループが２０１５年に発表した報告書では、産業ロボットによって雇用を最も多く奪われる国の1位（ＯＥＣＤ18か国のうち）として韓国が挙げられている（オ 2017：38-39）。このような状況は韓国の労働市場における危機感をいっそう強めさせており、雇用なき社会における政策としてＢＩへの関心が高まる環境もつくられているのである。

韓国の社会保障制度

韓国の社会保障制度は、四大保険と呼ばれる国民年金・健康保険・雇用保険・産業災害補償保険（労災保険）がその中心をなしている。問題は、これらの社会保険が正規職の賃金労働者を想定して設計されていることにある。前述したように、１９９７年の通貨危機以降、新自由主義の秩序が着実に定着していくなかで、多くの人々が安定した雇用関係に基づいた社会保険の受給権をもつことができなくなってきた（ヤン 2017：37）。実際に、韓国労働研究院が出した「２０１６非正規職労働統計」報告書によると、非正規職の国民年金加入率は36・３％に過ぎず、正規職の82・9％に比べてはるかに低い。また、健康保険や雇用保険の場合も、正規職ではそれぞれの加入率が86・２％と75・１％に達している半面、非正規職は44・８％と42・３％で半分にも達していない。

問題はここで終わらない。失業者が質の低い雇用へ送り出されることで、働いても貧しい労働貧民、いわゆるワーキングプアが数多く生み出されている（ヤン 2017：38）。韓国はすでに深刻な所得の両極化を経験している。２０１２年の上位10％の所得集中度は44・９％で、１９９５年の29・２％より大幅に増加しており、ＯＥＣＤ諸国のなかでアメリカに次いで2番目に所得の両極化が激しい国として位置している。さらに、両極化の増加率だけでは世界最高水準にある（イムほか 2018：143）。結局、国の生産性は向上しても、失業、不安定雇用、貧困と不平等などは深化しつつあり、それらの問題に対しては社会保険ではなく租税に基づいた公的扶助へ依存するしかない状況に直面しているの

図８－２　改定基礎生活保障制度の給付体系（2017年基準）

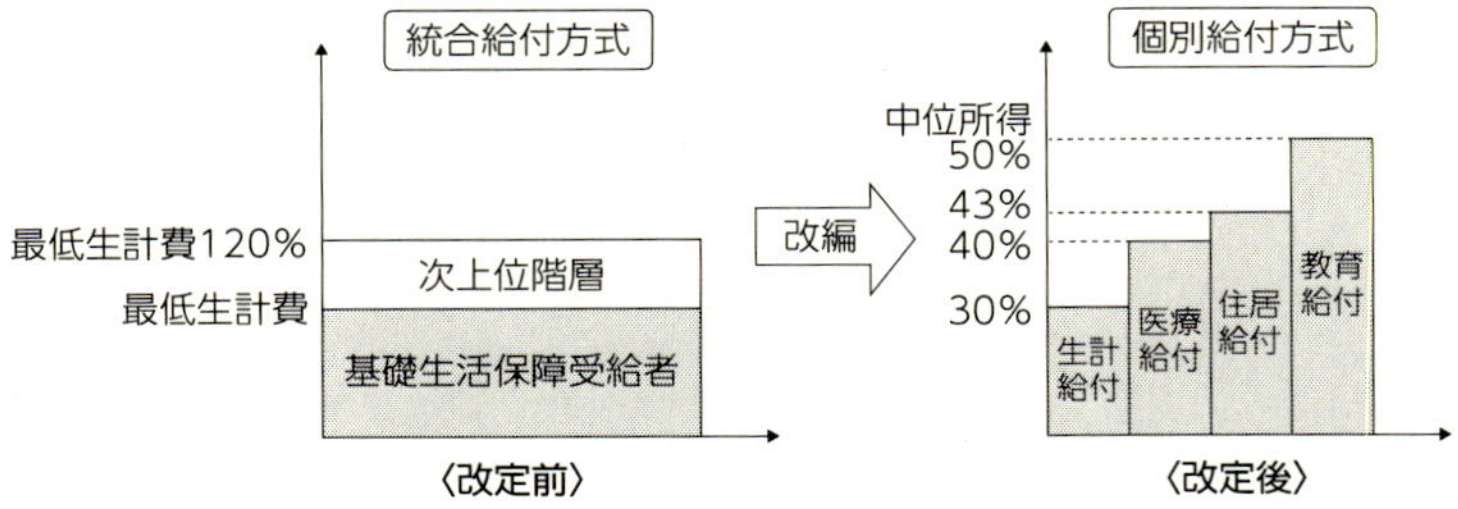

出典：筆者作成。

である（ヤン 2017：38）。しかし、現在の公的扶助にも、それらの問題に対する適切な対応を期待しにくいのが現実である。

２０１４年２月に生活に苦しんでいた母と２人の娘が無理心中した事件、いわゆる「松坡《ソンパ》三母娘事件」[4]は、従来のセーフティネットの限界を如実に示す事例であった。この事件を契機に申請主義、扶養義務者の存在や労働能力などによる厳しい受給選定基準といった既存のセーフティネットの限界がクローズアップされ、韓国社会に大きな反響を呼び起こした。その結果、２０１４年12月に国民基礎生活保障法が改正され、２０１５年７月から施行されるに至った。この法律ができたのは２０００年だが、それから15年ぶりの改定であった。この改定には２つの大きな変化があった。１つは、受給者の選定基準に既存の最低生計費を廃止し、基準中位所得[5]を導入したことである。そして、各扶助ごとに異なる選定基準を設定したことがもう１つの大きな改定のポイントである（図８－２）。政府は、この改定により75万人の新規受給者が捕捉されるとともに、脱・受給も容易になると強調した（キム 2016）。

しかし、それ以降も生活苦による悲劇的な事件があとを絶たないのが現実である。２０１８年４月には夫と死別した後、生活苦に苦しんだ40代の女性が４歳の娘と無理心中し、その遺体が２か月ぶりに発見された。この事件は、松坡三母娘事件と酷似する事例として注目されている。基礎生活保障法の改定後にも複雑な申請手続きや厳しい扶養義務者基準などが維持されており、その限界が再表面化しているのである。

3　韓国におけるベーシックインカムの実験と評価

韓国におけるBI議論のなかで、事例としてよく取り上げられるのが城南市の「青年配当」とソウル市の「青年手当」である。ここでは、この2つの制度の具体的な内容を紹介しながら、その評価について検討する。

城南市の「青年配当」とソウル市の「青年手当」

城南市の「青年配当」は、城南市に3年以上継続して居住している24歳の青年を対象に、1人当たり年間50万ウォン（2018年現在は100万ウォン）に相当する地域通貨を四半期ごとに支給する制度である。この制度の目的は、青年に青年配当を支給することで、青年の福祉向上と雇用確保力の強化を図るとともに、地域経済の活性化に資することにある。支給された地域貨幣は、城南市にある市場、小売店、塾、書店、飲食店などの約2550種類以上の加盟店で現金のように使用できる（キム 2016：12）。この青年配当は、2015年11月に城南市青年配当条例案が可決され、2016年1月から施行された。この制度の対象となる青年は約1万1300人であり、実際に2016年の1年間で1万人以上の青年に支給された。

一方、これと同じ時期にソウル市も、ソウル市に在住する19歳から29歳までの未就業状態（週30時間未満の仕事を含む）の青年を対象に、毎月50万ウォンを最低2か月から最大6か月間支給する「青年支援活動事業」（青年手当）を2016年8月から実行し始めた。1回目に最終選定された3000人のうち、同意した2831人の青年に就業活動費の名目で1人当たり50万ウォンが支給された。しかし、この過程で中央政府（保健福祉部）とのあいだで葛藤が生じ、しばらく支給が停止された。ようやく2017年4月に保健福祉部の同意を得て、当初より拡大した5000人を対象に同年の後半期から再び支給を開始している。活動費はチェックカードに積立金の形で支給されるが、求職活動に必要な塾の受講料、食費や交通費などで、その用途は制約されている。

両制度に対する評価

青年ニート（Not in Education, Employment or Training：ＮＥＥＴ）、カンガルー（kangaroo）族[6]、フリーター（Freeter）など、就職の難しい青年を代表する用語が話題となり、「ヘル（Hell）朝鮮」という新造語が青年のあいだに流行するなど、現在の韓国社会における青年たちの生活は生易しいものではない。このようななかで実施された「青年配当」や「青年手当」は、絶望的な青年世代に対する社会からの支援が始まったという希望的なメッセージとして評価されている。

基本所得青少年ネットワーク（Basic Income Youth Network：ＢＩＹＮ）が緑色転換研究所と実施した城南市の青年配当に対する認識調査によると、青年配当が実質的な生活に「非常に有用だった」あるいは「ある程度有用だった」との応答が95・3％に達している。また、青年配当を通じて、「城南市が青年の生活を配慮していると感じているか」についても、95％以上が肯定的に答えている。一方、ソウル市の青年手当については、政策推進の過程で当事者である若者の意見を積極的に聞き入れようとした点では評価されるものの、内容面では対象の選定における世帯収入、扶養家族の有無、未就業期間などといった厳しい条件や、選定後にも活動報告書を通じて支出に対する指導を受けるなどの制約があり、その限界も指摘されている（イ 2016：10）。

ところで、ＢＩ論者たちは、城南市の青年配当とソウル市の青年手当がまったく別の制度であると口をそろえている。例えばユン・ホンシク（2017）は、ソウル市の青年手当の場合、対象選定における資産調査や就職活動の支援を目的としている点で、ＢＩの「普遍性」と「無条件性」の原則から最も遠い制度であると評価している。反面、城南市の青年配当については、現金ではなく地域通貨で支給されており、人口学的特性（24歳の青年）に基づいて対象を選定するという点では限界があるが、「普遍性」と「無条件性」というＢＩの重要な原則を満たしているため、最もＢＩに近い制度であると評価している。また、ソク・ジェウン（2018）は、ＢＩの重要な要素として「無条件性」「普遍性」「十分性」を取り上げつつ、ソウル市の青年手当は「普遍性」の要素で、城南市の青年配当は「十分性」の要素でＢＩとしての資格を備えていないと評価している。

4　ベーシックインカムの提案と評価とその代案

２０１７年の大統領選挙を迎えて、〈ハンギョレ21〉と非営利公共調査ネットワークである〈公共の窓〉（リサーチビュー）が共同実施した世論調査の結果によると、応答者の49・３％がＢＩ導入の必要性に共感していると答えており、「共感しない」との回答は42・２％であった。これは２０１６年７月に現代経済研究院が行った世論調査の結果とは大きく異なる結果であった。２０１６年の調査結果では、ＢＩに「反対」が75・３％に達しており、「賛成」は20・６％にとどまっていたのである。このような事情もあり、大統領選挙候補らは先を争ってＢＩの導入に関わる政策公約を積極的に出し始めた。本節では、これまでの様々なＢＩアイデアのなかでも、特に２０１７年の大統領選挙で注目を集めた有力候補らによるＢＩの提案を紹介する。なお、それらに対するＢＩ論者たちの評価とその代案についても簡単に触れる。

現実政治におけるBIの提案

(1) イ・ジェミョンの「基本所得制（6配当+1土地配当）」

イ・ジェミョンは、BIの導入を最も強く主張する候補で、政策公約として「基本所得制」を掲げた。この提案の特徴は、「6配当+1土地配当」の仕組みにある。6配当とは、児童配当（12歳以下）、青少年配当（13〜18歳）、青年配当（19〜29歳）、高齢者配当（65歳以上）などの生涯周期別配当に加え、障害者と農漁民を対象とする特殊配当（重複可能）で構成される。それぞれには、年間100万ウォン（月8万3300ウォン）が地域商品券の形で支給される。毎年総計2800万人が対象となり、年間28兆ウォン（生涯周期別配当23・8兆ウォン+特殊配当4・2兆ウォン）の所要予算が必要になる。その予算は、国の一般会計の予算400兆ウォンの7％を減縮して賄う。

また、1土地配当は、土地の所有者に課税する国土保有税を新設し、全国民に年間30万ウォン（月2万5000ウォン）の基本所得を同じく地域商品券の形で支給するという構想である。それらの現金給付によって既存の社会サービス（現物給付）が代替されることはない。

(2) パク・ウォンスンの「韓国型基本所得制」

パク・ウォンスンは2016年12月21日に開催された国会討論会で、「すべての国民が生涯周期に合わせて、人間らしい生活を営まなければならない」としながら、児童、青年、中高年、高齢者を対象とする「韓国型基本所得制」の導入案を発表し、注目を集めた。その内容をみると、まず、18歳未満の児童と青少年がいる世帯には児童手当の名目で年間20万ウォンを児童数に応じて支給する。青年手当は、18歳から30歳を対象に就職するまでの2〜3年間に年間300万ウォンを支援する。中高年層のためには、失業扶助（会社員）と傷病手当（自営業）、国民所得保険などを新設し、高齢者には高齢者手当の名目で現行の老齢基礎年金を月20万ウォンから月30万ウォンに引き上げるという。

予算としては、年間最小20兆ウォンから最大35兆ウォンの財政が必要になると計算しており、これは政府の歳出構造調整などの財政改革や、大企業の法人税率の引き上げなどの税制改革などを通じて調達可能であると説明している。

(3) その他の提案

当時の正義党代表であったシム・サンジョンは、0～5歳の子ども、19～24歳の青年、65歳以上の高齢者に資産調査や労働条件なしで無条件に支給する「部分基本所得」の実施を公約した。また、20歳になる青年に1000万ウォンを支給する「青年社会相続制」という政策公約も提示していた。特に後者の政策案は、相続・贈与税の税収（2017年基準、5兆4000億ウォン）を財源として国家が青年に基礎資産を支給し、不平等の解消と機会均等を保障することを目的としており、2018年6月の地方選挙においても正義党の代表公約として取り上げている。

一方、現大統領であるムン・ジェインは、候補当時にＢＩという用語の使い方には慎重な姿勢をとりながら、「基本所得の意味を積極的に認めながらも、現実的な財政条件のなかで基本所得の趣旨を最大限に活かす」という立場に立っていた。政策公約としては、6歳までのすべての子どもを対象とする児童手当を導入し、第1子、第2子、第3子に金額を差等支給して出生率を高めることも想定している。また、青年の場合は、所得水準とは無関係に、就業能力の開発に焦点をおいて未就業青年に就職するまでの1～2年の間に約30万ウォンを支給する青年手当を、高齢者には所得下位70％を対象に20万ウォンを支給している現行の基礎老齢年金を拡大させ、所得下位80％を対象として月30万ウォンに拡大して支給することを提案していた。

Ｂ─論者の評価とその代案

キム・ギョソンほか（2017）は、大統領選挙の過程で多数の候補がＢＩや各種手当の導入を積極的に検討したことを契機に、現実政策におけるＢＩの実現可能性が非常に高まったと評価している。また、今後制度の対象を徐々に拡散させて支給の経験を増やし、政治的な支持基盤を蓄積していけば、ＢＩは実現不可能な提案ではないと主張する。そして、次のように具体的なＢＩへの「段階的移行経路」を提示している。

第1段階　現社会保障システムの合理的な調整
第2段階　新たな社会扶助の導入と基礎生活保障制度の生計給付の拡大
第3段階　児童、高齢者、障害者を対象とするそれぞれの社会手当の構築
第4段階　青年のための社会手当の導入
第5段階　参加所得の一環として農民対象の社会手当の実行
第6段階　各人口集団別手当の年齢拡大
第7段階　各種社会手当を統合して低い水準の転換的ＢＩの導入
第8段階　ＢＩの水準を引き上げながら完全ＢＩを完成させる

なお、完全ＢＩが導入される段階では、教育や医療などの現物給付（社会サービス）の拡充も同時に求められると強調する。

半面、ＢＩへの批判から他の選択肢を提案する学者も多数存在する。例えば、ボク・コイルほか（2017）が提案する「安心所得制（safety income system）」がそれである。従来の基礎生活保障制度のなかから生計給付など一部の給付を廃止し、4人世帯を基準として中位所得水準である年収５０００万ウォンを所得税の免税点（exemption plus deductions）に設定することで、それ以上は所得税を払い、それ以下には政府の補助金を支給するという仕組みである。彼らは、この「負の所得税（negative income tax）」を通して低所得世帯を支援する方が、ＢＩより不平等や貧困問題を解決するのに効果的であり、国民経済の負担も相対的に低いと主張する。また、ヤン・ジェジン（2017）も、「Ｂ

Ｉは社会福祉への配慮を排除したまま、無条件的な普遍性と個別性を中核の要素としているため、将来の社会に導入されても社会問題の解決には大きな役割を果たすことはできないだろう」と主張しながら、「将来の社会でも結局、必要に応じた分配を従来の社会福祉の原理によって持続させるべきである」（ヤン 2017 : 45）と表明している。

おわりに

２０１５年に韓国科学技術院（ＫＡＩＳＴ）の研究チームが「韓国人はどんな未来を求めるのか」をテーマとして、20〜34歳の青年層を対象にアンケート調査を実施した。その結果、「求める将来像は何か」という質問に対して、「持続的な経済成長」が23％であったのに対し、「崩壊、新たなスタート」という回答は42％に達しており、大きな衝撃を与えた。「崩壊」という言葉からは、最悪の青年失業率と劣悪な非正規職の現実に苦しんでいる若者の絶望的な感情が伝わってくる。しかし一方では、「新たなスタート」というよりよい社会への希望も含まれているようにも思える。そして、その「新しいスタート」の第一歩としてＢＩが韓国社会で浮上しているのである。

現在、韓国で注目されているＢＩの提案は、ＢＩを不平等や貧困を緩和させるための新しい脱商品化政策の1つとして捉えている社会福祉学者からの主張が多い。その論拠は、完全雇用がもはや不可能な状況で、完全雇用を前提とした伝統的な脱商品化方式の社会保障システムでは不平等と貧困を緩和することができないため、雇用とは連動されないＢＩがそれに代わる新しい所得保障方式として要求されるということにある（ユン 2017 : 100）。しかしながら、現実政治では、ＢＩの中核アイデンティティである労働に対する「真の自由（real freedom）」を保障するという「脱労働化（delaborization）」の実現を目標としたＢＩ政策案はいまだに存在していない。現在施行されている、あるいは現実化に取り組んでいるＢＩ政策案は、従来の社会保障システムを補完する部分的ＢＩ、強いていえば社会手当の強化に近いと理解するのが正しいかもしれない。問題は、それらの目的が、労働環境が改善されないまま労働市場への参加を促すことにあり、現役労働年齢層は対象からさえ外されているところにある。ただ、いずれにしても、ＢＩをめぐる現在の議論自体は、これからの韓国における社会保障や福祉システムの再考を促す媒介として作用するということは間違いないであろう。

（1）実際に、ムン・ジェイン現大統領の公約であった「普遍的児童手当」が、児童手当法の改定により２０１９年1月から施行されており、申請・準備期間を経て4月末から支給が始まった。これにより、所得・財産と関係なく満6歳未満のすべての児童（保護者）に月10万ウォンの手当が支給される。また、同年9月からは満7歳未満に対象が拡大される。２０１９年4月の現時点で、全体の対象者数２３６万7千人のうち、２３２万7千人（98・3％）が申請している。

（2）ハンギョレ21（第１１４５号、２０１７年1月10日）が主な大統領選挙候補8人にＢＩに対する立場を尋ねたところ、7人が「韓国社会にＢＩ政策を段階的に導入する必要がある」と表明した。

（3）日本の場合、1年後17・5％、3年後24・9％となっており、韓国に続いて移動性が低い国であった。

（4）２０１４年2月に生活苦に苦しんでいた母と2人の娘（三母娘）が無理心中した事件である。三母娘は、12年ほど前に父が亡くなった後、残された負債のため厳しい生活が続いていた。2人の娘は高血圧と糖尿病など慢性疾患を患っていたため、母のパク氏が食堂の仕事をしながら生計を維持してきた。だが、パク氏さえ事件1か月前に事故によって食堂をやめることとなり、生活が崩れたという。

（5）基準中位所得とは、国民基礎生活保障法の第20条2項により中央生活保障委員会が審議・議決して告示する国民世帯所得の中央値を意味することで、相対的貧困の概念として解釈される。２０１７年を基準に、1人世帯の基準中位所得は１６５万２９３１ウォンである（統計庁）。

（6）カンガルー族とは、大学の卒業後にも親と一緒に暮らしながら親から小遣いをもらって生活する青年を比喩した言葉である。

第Ⅲ部

ベーシックインカム論再考

第9章

ベーシックインカムと制度・政策

【森　周子】

はじめに

本稿では、①ベーシックインカム（以下、ＢＩ）が既存の社会政策の制度枠組からどのように捉えられるのか、②ＢＩ導入に伴って実施されうる政策（本稿では社会政策に考察対象を限定）とはどのようなものか、の2点について検討する。特に②については、ＢＩは提唱者が依拠するイデオロギーによってその内容が著しく異なることから、それぞれのイデオロギーのもとで導入されるＢＩに付随して、どのような政策がなされる可能性があるかについても検討する。

1　社会政策の制度枠組みとベーシックインカム

社会政策については論者によって様々な定義が存在するが、ここでは、人々の生活保障のための制度・政策と捉える。生活保障とは、人々のリスク（傷病、失業、老齢、要介護状態、貧困など）およびニーズ（育児支援、介助、高齢者の生きがいづくり、問題を抱えた人々の居場所づくりなど）に対する現金給付および現物給付をさす[(1)]。

社会政策の制度体系を図で表したものが図9－1である。社会政策は労働政策と社会保障に大別され、前者は労働市場政策（完全雇用の実現のための諸政策。失業者への現金給付、職業相談・あっせん、職業訓練などを行う）、労働者保護政

図9－1　社会政策の制度体系

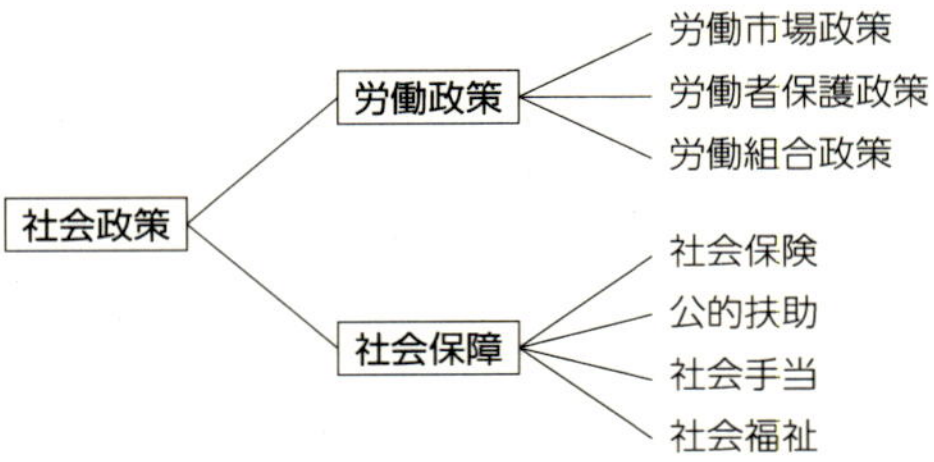

隣接分野：教育政策，住宅政策，税制。
出典：著者作成。

策（主に賃金政策と労働時間政策）、労働組合政策に区分され、後者は社会保険、公的扶助、社会手当、社会福祉に区分される。まず社会保険とは、公的に運営される保険であり、一定のリスクに備えて加入者が保険料を拠出し、実際にリスクに遭遇した加入者に対して給付を支払う仕組みである。日本では、医療保険、年金保険、労災保険、雇用保険、介護保険の5種類の社会保険が存在する。次に公的扶助とは、生活困窮者に対して最低限度の所得保障を行う仕組みであり、日本では生活保護制度がそれに該当する。そして社会手当とは、一定の条件にあてはまる者に対して現金給付を行う仕組みであり、日本では児童手当、児童扶養手当、特別児童扶養手当、特別障害者手当、障害児福祉手当、経過的福祉手当の6種類が存在する。最後に社会福祉とは、問題を抱えた人々に対する個別的な相談・援助をさし、高齢者福祉、障害者福祉、児童家庭福祉などに区分される。他に社会政策の隣接分野として、教育政策、住宅政策、税制が挙げられる。

社会保障の各制度の特徴

ここで、社会保障の各制度の特徴を整理すると、表9－1のようになる。ミーンズテスト（資産調査）とは、受給申請者が困窮しているかどうかを調べるための調査をさす。これは公的扶助では必須であるが、社会保険ではなされない。なぜなら、社会保険における給付はそれまで支払われた保険料に対する当然の権利（請求権）として発生するからである。社会手当の場合も、一定の条件にあてはまるかどうかが問われ、資産調査は必要とされないが、所得制限を伴う場合がある。これは、一定以上の所得を得ている者を給付対象者から除くことをさし、例えば日本の児童手当制度では、扶養親族等の数が3人の場合、年収が960万円を超える者は原則として児童手当を受給することはできない（ただし、2019年現在では、所得制限を超える者にも当面の措置として特例給付がなされている）。

BIの位置づけ

表9－1のような整理に基づく場合、社会政策の制度体系にBIはどのように位置づけられるのか。まず、BIの財源としてはもっぱら税が想定されることから、BIは社会保険には該当しない。そして、給付の種類についていえば、BIは明らかに現金給付であり、現物給付ではない。また、設定される給付額によって、完全BI（ここでは最低生活保障水準に足る金額とし、月額8万円と仮定する）[2]、もしくは部分BI（ここでは最低生活保障水準に満たない金額とし、完全BIの半額である月額4万円と仮定する）がありうる。さらに、給付に際して条件を設けるかどうかによって、条件つきBIと条件なしBI（universal basic income. 以下、UBI）に区分される。

部分BIがUBIである場合、それは一国における最も広範囲の集団（ここでは国民とする）を対象とする社会手当と位置づけられる。ただし、部分BIでは既存の社会保障制度をほとんど代替しえないため、部分BIでUBIを実施する意義は薄い。それでもあえて部分BIを実施する場合には、特定の集団を対象とした条件つきBIとならざるをえず、それは既存の社会手当とほとんど同様のものにしかならない。ゆえに、部分BIについては本稿の考察対象とはせず、以下では完全BIについて、なかでも完全BIかつ条件なしBI（以

表9－1　社会保障の各制度の特徴

	給付の種類	財源	ミーンズテストの有無
社会保険	現金給付 現物給付	保険料 （税）	なし
公的扶助	現金給付 （現物給付）	税	あり
社会手当	現金給付	税	なし （所得制限を伴う場合あり）
社会福祉	現物給付	税	なし

出典：著者作成。

下、完全ＵＢＩ）について考察していく。

完全ＵＢＩの位置づけ

完全ＵＢＩには、財源確保の面からも、これによって従来の社会保障制度の現金給付の多くが代替されることが期待される。表9－2を参照しつつ考えると、年金生活者にとっては老齢基礎年金と老齢厚生年金を代替するであろうし、低所得者にとっては所得額に連動する給付の多くを代替し、生活困窮者にとっては生活保護における生計扶助をはじめとする給付の多くを代替することが考えられる。

完全ＵＢＩが受給者に与える影響は、受給者が属する社会階層によって異なると思われる。例えば月額８万円の完全ＵＢＩは、中所得者にとっては生活費の一部を充足する意義はあるとしても、高所得者にとっては所得に加えて国から支給される「お小遣い」のような意味合いしかないと思われる。また、完全ＵＢＩに社会保険の現金給付の多くが代替されることで、高所得者や中所得者は払わなくてよくなる保険料の分を民間保険、貯蓄、投資などに振り向けることで、従来の所得比例の老齢厚生年金に代わる将来の備えを自ら行うことになるだろう。それを煩わしいと感じるか、あるいは個々人の自由の担保という意味で望ましいとするかは、人によって評価が分かれるところであろう。

次に、低所得者や生活困窮者にとっては、完全ＵＢＩは最低限度の生活に必要な現金給付を代替する。ただし、それのみでは、現物給付（医療・介護など）、民間保険への加入（老齢厚生年金の代替として）、その他（後述する教育や住宅など）への出費が追加的に必要とされる場合に不足することになる。そうなると、よほど生活費を切り詰めない限りは、働いて所得を得ることなどによって不足分を補完することが必要になる。

このようにみると、完全ＵＢＩは、高所得者と中所得者にとっては、一国における最も広範囲の集団（ここでも国民とする）を対象とする、所得制限を伴わない高額の社会手当と位置づけられ、低所得者と生活困窮者にとっては、

表９－２　主な現金給付とその給付内容（2019年４月時点）

種　類	名　称	給付内容
年金保険	老齢基礎年金	６万5008円（月額）（満額の場合）
	老齢厚生年金	９万1488円（月額）（モデル年金の場合）
	障害基礎年金	老齢基礎年金の満額×1.25（１級），老齢基礎年金の満額と同額（２級）
	障害厚生年金	老齢厚生年金の額×1.25（１級），老齢厚生年金と同額（２級・３級）
	遺族基礎年金	老齢基礎年金の満額と同額
	遺族厚生年金	老齢厚生年金の額×3/4
医療保険	傷病手当金	直近の給与の2/3相当（勤め人のみ対象）
雇用保険	一般求職者給付の基本手当	失業前の賃金の５～８割
	求職者支援制度の職業訓練受講給付金	10万円（月額）
労災保険	傷病補償年金	給付基礎日額の245～313日分（年額）
	障害補償年金	給付基礎日額の131～313日分（年額）（障害程度が１～７級の場合）
公的扶助（生活保護）	生活扶助	５万7589～７万7910円（月額）（50歳単身者の場合）
	住宅扶助	４万900～５万3700円（月額）
	教育扶助	2600円（小学生），5000円（中学生）（基準額）
	高等学校等就学費	5200円（月額）（基準額）
社会手当	児童手当	5000～１万5000円（月額）
	児童扶養手当	４万2910円（全部支給の場合）（月額）
	特別児童扶養手当	５万2200円（１級），３万4770円（２級）（月額）
	特別障害者手当	２万7200円（月額）
	障害児福祉手当	１万4790円（月額）
	経過的福祉手当	１万4790円（月額）

出典：各種資料をもとに著者作成。

資産調査を伴わない公的扶助と位置づけられよう。だが、いずれの所得階層にとっても、完全UBIの導入によって労働から解放されるということは考えにくい。

労働政策との関係

そもそもBIは、社会保障には深く関連するものの、労働政策との関連性は薄くなりがちである。なぜなら、BIと労働との接点は「労働と所得（福祉）の分離」ということでしか出てこず、それ以上の議論を展開しにくいからである。ゆえに、BIのみで社会政策論議を完結させると、労働政策への目配りが不十分になる危険性がある。労働政策上の諸問題（働きがいのある人間らしい仕事の確保、最低賃金の引き上げ、非典型雇用の待遇の是正など）を問い直さず、それらを所与の条件としたまま、社会保障、なかでも現金給付に関する議論のみで社会政策全体に関する論議が代替されてしまう危険性がある。

特に完全UBIの導入は、賃金政策と労働市場政策に負の影響を与える可能性がある。前者については、最低賃金に限りなく近い賃金で働かせる職場が増えることが考えられる。後者についても、無理して働かずともよくなることから、特に人気の低い業種に関して、求人が困難となり、賃金を上げても人が集まらない可能性が出てくる。また、無理のない範囲で働く人も増え（それ自体は悪いことではないが）、従来よりも社会全体の労働の総量が減少し、そのことが企業の商品生産量の減少とそれに伴う収益の減少、ひいては労働者の課税所得の減少、税収の減少につながり、完全UBIの財源確保に負の影響を及ぼすことが考えられる。

現物給付との関係

BIは現金給付であることから、BI論議においては現物給付への着目が弱くなる。社会保険の現物給付部分（医療保険における療養の給付、介護保険における介護サービス給付など）および社会福祉における相談・援助（育児支援や障害者の介助など）が、ＢＩ導入後の社会でどのように提供されうるかが検討されなければならない。

現行の社会保障制度における現物給付のなかには、療養の給付や介護サービスのように社会保険方式で賄われるものがあり、また、給付の3割（医療保険）、同1割（介護保険）、世帯の所得状況に応じた負担（保育施設など）といった受給者の自己負担を伴うものもある。完全ＵＢＩ導入後もそれらの保険料や自己負担を支払うことになると、その分、手元に残るＢＩの金額は減少する。重度障害者や重度の要介護者など、現物給付をより多く必要とする者については、その分、より多くかかる自己負担などの費用を補塡すべきか。その場合、どの財源で補塡すべきなのか。税を財源とするのであれば、どのような基準に基づいて補塡するのか。これらに関する分析や議論はいまだ不十分である。ＢＩのみで社会政策・社会保障を完結させることには限界があり、現物給付にも配慮すべきとの主張はすでにＢＩ支持論者からもなされており、例えば小沢（2010）は、ＢＩ導入後においても社会サービス充実のための財源は確保できるとの指摘と試算を行っている。しかし、そのうえで具体的にどのようにサービスを担保するのかについては、今後考察していかなければならないとの言及にとどまる。

現金給付の多くがＢＩに代替された場合に、ＢＩに現物給付に伴う負担分まで吸収させることは避けるべきであり、税財源の補助金などによる自己負担の軽減、あるいは小沢（2010）も提案しているように、ＢＩ導入によって廃止あるいは縮小されるであろう年金保険などの社会保険の従来の使用者負担分および国庫負担分を、もっぱら医療保険・介護保険に振り向けるといったことが必要になると思われる。

社会政策の隣接分野との関係

社会政策の隣接分野として教育政策、住宅政策、税制が挙げられる。すべての人が十分な教育を受けられること、および適切な住宅を確保できることは、人々の生活保障に不可欠な要素として近年重視されており、また、税制は給付という形ではないが、所得控除や税額控除による減税という形で人々の生活保障に資するからである。それらは完全ＵＢＩの導入によってどのような影響を受けると考えられるだろうか。

まず教育政策、特に高等教育について、現在のように学費が有料かつ高騰し、また奨学金制度の拡充も貸与型中心で給付型の整備が不十分なまま完全ＵＢＩを導入した場合、中・高所得者にとっては、完全ＵＢＩが奨学金制度を全部または一部代替しうる。しかし、完全ＵＢＩで生活費の大部分を賄うことになる低所得者・生活困窮者にとっては、高等教育を受けるための学費を工面することは、追加的に労働をしない限り依然として困難であり続ける。それゆえ、現物給付に関する議論とも関連するが、低所得者・生活困窮者に配慮するのであれば、高等教育の学費の無償化、給付型奨学金の拡充、学費補助に特化した社会手当の新設などが必要になると思われる。

次に、住宅政策との関連では、現在の日本のように低所得者・生活困窮者に対する公営住宅の供給が不十分であり、また、欧米諸国にみられるような低所得者向けの住宅手当（家賃補助）がなく、生活保護制度における住宅扶助、もしくは生活困窮者自立支援制度における住宅確保給付金といった限定的な給付しかないまま完全ＵＢＩを導入する場合、借家に住む低所得者・生活困窮者は、やはり追加的労働をしない限り家賃を工面できなくなる。それゆえ、完全ＵＢＩ導入後の住宅手当の導入や、社会住宅の拡充について議論される必要がある。従来の日本のように、住宅の供給や住宅手当を企業福祉に依存し続けたままでは、働かない（働けない）人々や非典型雇用者などへの住宅保障はかなり困難となる。

最後に、税制との関連についてみる。小沢（2012）が、ＢＩ支給に伴い所得控除は廃止されると述べているように、完全ＵＢＩの導入により従来の控除の仕組みの多くが廃止されることになるが、財源確保のためにすべての所得階層に対して高い所得税率が課される可能性があり、そうなると、特に低所得者・生活困窮者の就労意欲を削ぐことが懸念される。また、そもそも完全ＵＢＩ自体を課税にするか非課税にするかという論点も発生する。そして、課税する場合には、それにより完全ＵＢＩの金額が最低生活水準に達しなくなり、「完全」ではなくなる、という問題も出てきてしまう。

一国の社会保障制度体系との関係

ＢＩが一国の既存の社会政策の制度枠組みをどの程度まで代替すべきかは、その国の社会政策の制度体系のタイプに応じても異なりうる。制度体系のタイプには、「二層構造（公的扶助と社会保険）」と「三層構造（公的扶助と社会手当と社会保険）」という2種類がある（日本は社会手当が手薄であることから前者に属するとされる）。三層構造の国ではＢＩ論議はそれほど盛り上がっておらず、むしろ二層構造の国においてＢＩ導入が盛んに論じられているとの指摘がある（金 2017）が、それは、ＢＩが三層目としての社会手当の役割をもつことが期待されているからだと思われる。しかし、実際にＢＩ導入の実験がなされた国（フィンランド、オランダ）をみると、三層構造とされる国が多い。そして、それらの実験で試行されているのは条件つき完全ＢＩであり、期間も短いため、評価が難しい。

さらに、ＢＩ導入の影響は、既存の社会保障制度体系の財政や各制度の構造によっても変わってくる。例えば、現物給付が税財源でなされ、給付にあたって自己負担がなく、また公営住宅の供給も整備され、教育も無償である国であれば、完全ＵＢＩは導入しやすい。なぜなら、現物給付のために追加的に支出する必要がなく、完全ＵＢＩの金額がすべて生活費として利用されうるからである。

2　ベーシックインカム導入に伴って実施されうる政策とは

ＢＩ導入に伴って実施されうる政策は、ＢＩの種類、ＢＩに込められた意図、その論者が依拠するイデオロギーによって異なりうる。まずＢＩの種類として、ここでは引き続き完全ＵＢＩを想定する。次に、ＢＩに込められた意図として挙げられるのは、福祉国家批判とその刷新である。具体的には、①貧困から抜け出せない者の存在（貧困の罠、失業の罠、ワーキングプアの存在）、②スティグマの問題（給付を受給せずに貧困状態に滞留する人々の存在）、③ＡＩ化の進展などによる雇用の場の減少、④行政コストの肥大化、といった現行の福祉国家の不完全性や問題点に対する批判である。これらは、イデオロギーを異にする者の間でも比較的共有されているように見受けられる。

そして、現行の福祉国家批判とその刷新の方向性として、ワークフェア（労働を条件とした福祉の提供）も挙げられるが、ＢＩはワークフェアへの対抗概念として、労働と福祉の切り離しを意図する。では、ＢＩ導入に伴ってどのような政策が実施され、それにより、どのような制度変化が起こりうるのだろうか。

ＢＩはイデオロギーと結びついて実態を得るという指摘もある（フィッツパトリック 2005）ため、以下では、新自由主義的なＢＩ、社会変革的なＢＩ、福祉国家再編の手段としてのＢＩの3種類にひとまず分類し、それぞれに伴って実施されうる政策を検討する。

新自由主義的なＢＩ

新自由主義は、ＢＩの導入によってもたらされる労働市場の活性化や経済の革新という側面を重視する（永合 2013）。なぜ新自由主義的立場からＢＩが好んで論じられるのか、言い換えれば、なぜＢＩは資本主義との親和性をもっているのかについて、「個々人へのＢＩ支給によって最低限の生活保障をしさえすれば、資本主義は『人間の顔をした資本主義』となり、なんの気兼ねをすることなく自由な市場経済の機能が十全に発揮されることになるとの思いが働くからである」との解説もある（小沢 2010）。そして、新自由主義的なＢＩは、「負の所得税」の提案に代表されるように、そもそも労働を支給要件とする時点でワークフェア的であり、また労働を支給要件とすることおよび一定以上の所得の者にはＢＩが支給されないことから、条件つきＢＩとならざるをえず、本項で考察する完全ＵＢＩの前提を欠く。

この場合、労働を支給要件とすることによりＢＩの金額が意識的に低く設定され、労働と福祉がまったく分離されない。この点でも、本項で考察する完全ＵＢＩの前提を欠くこととなる。そして、企業の賃金負担や社会保障負担などの軽減を志向する側面が強く、現行制度の大幅な代替、スリム化の手段としてＢＩを追求しようとする。その意味で、大きいが小さい政府がめざされる。さらに、「保育や医療、教育などさまざまな社会サービスを解体して市場からの提供に任せ、各人は支給されたＢＩを用いそれぞれのニーズに応じて市場を通じてサービスを購入すればよい」（小沢 2010）という現物給付（小沢によれば「社会サービス」）解体論に結びつきやすく、ＢＩのみで社会政策を完結することを志向する。

社会変革的なＢＩ

左派が提唱するＢＩは、資本主義から社会主義へと変革が果たされた後に導入されるべきＢＩという意味合いが強く、その意味で、社会変革の付属物としてのＢＩといえる。フィッツパトリック（2005：159-164）によれば、社会主義版のＢＩは社会配当と呼ばれ、それを理解するには、市場社会主義経済を理解しなければならない。市場社会主義のモデルとしては、①消費財と労働の市場はあるが、資本の市場がない市場社会主義、②消費財、労働、資本の市場に、ある程度の労働者の所有と統制を加える市場社会主義、の2つがあるとされる。このような市場社会主義のもとで、社会配当は①市場の失敗の是正、②再分配、③市場社会主義のもとで公共投資銀行から融資される資本からの収益の全員への平等な分配、という3つの「機能的な」役割を果たすとされる。

左派が提唱するBIの評価は、現在の資本主義体制を前提とした場合に困難になる。なぜなら、社会主義経済においては貨幣のもつ意味が資本主義経済とは異なるからである。そして、BIに伴って実施されうる政策の検討も、市場社会主義経済に伴って実施されうる政策ということになるため、困難である。

福祉国家再編の手段としてのBI

社会変革的な左派のBI論者とは異なり、現行の資本主義経済・民主主義社会のもとで現行の福祉国家の限界を批判し、それを乗り越えるための手段としてBIを捉える論者が存在する（代表的な論者として、山森亮、小沢修司が挙げられる）。そこでは、人々の自由が尊重され、BIが世帯給付ではなく個人給付であることのメリットが強調される。なお、新自由主義には与さず、BIのみで社会政策を完結させることは意図していない。そして、日本におけるBIの具体的な金額（月額8万円）も提示しており（小沢 2002；2010）、完全UBIを志向する。

BI導入に伴って実施される政策として、現物給付の重要性が強調され、社会福祉に関する特別な需要を有する者に対して手当を給付する必要性も論じられる。だが、既述のように、現物給付の具体的なあり方については、分析の必要性が意識されながらも、構想が道半ばである。また、BIの財源調達に関しては、小沢（2008；2010）などにおける詳細な試算が存在するが、そこにはBI導入後の働き方の変化（賃労働従事者の減少や労働時間の減少など）と、それに伴う財源縮小の影響の反映が不十分であると思われる。なお、労働政策に関しては、BI導入後も最低賃金などの従来の労働法規を遵守すべきであると主張される。

BIは既存の社会政策関連諸制度をどの程度代替するのか

ＢＩが既存の社会政策関連諸制度をどの程度代替するのかも、上述の３つの論調それぞれにおいて違ってくる。まず新自由主義の場合は、条件つきＢＩかつ部分ＢＩを提案し、社会保障のうち、社会保険のなかの現金給付部分、社会手当、公的扶助、隣接分野では教育政策のなかの奨学金など、多くの現金給付をＢＩに代替させようとする。そして、社会保険のうち、医療保険と介護保険は残そうとする。だが、医療保険や介護保険や現物給付の自己負担分をそれらを必要とする人々が賄うには、ＢＩのみでは不十分であり、結局は働かなければ生活が維持できないことになり、労働と福祉の分離は果たされなくなる。また、社会保険における企業の保険料負担や国庫補助などが少なくなる分は、すべてＢＩの財源に充てられることとなり、現物給付の拡充に用いられないかもしれず、その場合、社会保障制度の内容が従来のものからかなり後退したものとなる危険性がある。また、労働政策（特に賃金政策）も手薄になるかもしれない。なぜなら、ＢＩが支給される分、仮に最低賃金制度が存続するにせよ、その水準も含めて、賃金を全体的に引き下げようとするインセンティブが働きかねないからである。

次に社会変革的なＢＩの場合は、既存の経済体制の変革を前提としていることから論じることが難しいので省略する。最後に、福祉国家再編の手段としてのＢＩについてみると、ここでは完全ＵＢＩが提示され、社会保障のうち、社会保険のなかの現金給付部分、社会手当、公的扶助などがＢＩに代替されるが、社会保険のなかの健康保険と介護保険および社会福祉は存続する。そして、現物給付や社会福祉の自己負担分に関しては、自己負担そのものをなくすか、あるいは個々人の必要に応じた追加的給付を行う可能性がある。医療や介護に関しては、保険料負担や自己負担をなくすために、そもそも社会保険方式ではなく税方式で運営するようになる可能性もありえるだろう。また、隣接分野である住宅政策、教育政策、税制も存続するが、低所得者に対し、家賃、教育費、控除などへの特別な対応（住宅手当、教育手当といった給付の新設や、低所得者への特別な所得控除・税額控除の仕組みの新設など）が必要となるであろう。

労働政策については、完全ＵＢＩ導入後も適正な労働環境と賃金が担保されるべく、最低賃金、労働時間規制などが存続する。

なお、現物給付の担い手をいかに確保するかを検討する必要が、現状にもまして出てくるだろう。勤務環境が辛くきついとされることからなり手の少ない職業（特に介護福祉系）については、その分賃金を上げて働き手を確保することになる。だが、その分、現物給付の費用が高くなり、利用者が負担しきれなくなるかもしれない。あるいはどれほど賃金を上げても、完全ＵＢＩが確保されたうえで追加的に辛くきついとされる労働をするインセンティブが薄れることにより、働き手が確保されないかもしれない。それらの事態への対応を考えなければならない。

3　ベーシックインカムの実現可能性

完全ＵＢＩは、一国における最も広範囲の集団（ここでは国民とする）を対象とする所得制限なしの社会手当と位置づけられ、受給者が属する社会階層によってその意味合いが異なってくる。完全ＵＢＩは、最低限の所得を代替するという機能を付与されており、宮本（2008）の言い方を借りれば「代替型所得保障」ということになる。だが、既述のように、現物給付、奨学金、税制などの周辺制度が整わない限り、完全ＵＢＩはよほど高額でない限り、追加的な所得を必要とする。いわば、同じく宮本（2008）でいうところの「補完型所得保障」（低所得を補完する形での所得保障）と同様のものになる。そして、高額の完全ＵＢＩは労働意欲を削ぐことが危惧されることから国民の納得と合意が得にくいため、結局は、対象を絞った条件つき完全ＢＩの導入にとどまらざるをえないと思われる。高額でないにせよ完全ＵＢＩをとにかくめざす場合でも、成人にそれを支給し、年少者には部分ＢＩを支給するといった調整が行われると考えられる。

表 9－3　BI の類型と評価

	条件なし BI	条件つき BI
完全 BI	導入が困難	実現可能性が高い
部分 BI	既存の社会保障制度をほとんど代替せず，導入の意味が薄い	従来の社会手当と同様であり，導入の意味が薄い

出典：著者作成。

次に、ＢＩ導入に付随する政策に関していえば、ＢＩのみで社会政策を完結させようとするか、あるいはそれだけでは明らかに不足するため他の制度によって補完するかによって異なってくる。

ここで、資本主義社会におけるＢＩの実現可能性をあえて考えるとすれば、完全ＵＢＩは実現困難であり、条件つき完全ＢＩにとどまる可能性が高い。さらに具体的にいえば、宮本(2008) が述べる「脱労働中心主義的アクティベーション型」のＢＩが最も妥当と思われる。宮本は、資本主義が何らかの形でＢＩ的な制度を組み込まないと機能しなくなりつつあると指摘し、「ベーシック・インカム資本主義の３つの世界」という言い回しを用いる。そして、ワークフェアを推進しつつ、それを安定させるために進められるＢＩ的な補完型所得保障を「ワークフェア補強型」と名づけ、その例として「給付つき税額控除」の仕組みを挙げる。そしてその対極に、ワークフェア原理そのものを成り立たせない給付水準のＢＩによって、従来の条件型の所得保障を置き換えようとするもともとのＢＩ構想があるとし、これをＢＩ資本主義の純粋型として、「フルＢＩ型」と名づける。ここでのＢＩは完全ＵＢＩが想定されている。そして、宮本は、これらの両極の中間にあるものとして、「脱労働中心主義的アクティベーション型」を提唱する。これは、アクティベーション（社会参加の促進）と時間限定型のＢＩ（期間限定のＢＩ）[3]や「ステークホルダー・グラント」（別名ベーシック・キャピタル。一定の年齢に達した者に対し、一定程度の金額を給付する。ＢＩとは異なり、継続的に給付はされない）を組み合わせたものとされる（宮本 2004；2008）。

以上で述べたことをまとめると表９－３のようになる。なお、条件つきＢＩは貧困対策で、

ＵＢＩは貧困対策ではなく革命戦略になるとの指摘も存在する（田多 2018）。仮に、現行の社会手当を条件つきの部分ＢＩと解釈すれば、貧困対策ではないものもありうる（例えば、児童手当は育児支援のためであり、貧困対策ではないとされる）が、それは解釈次第であり、児童手当は外国では多子家庭の貧困対策とされることもあるので、結局のところ、条件つき部分ＢＩはどれも貧困対策とみて差し支えないと思われる。他方で、ＵＢＩは完全ＢＩにせよ部分ＢＩにせよ、その根幹部分で資本主義と相いれない（資本蓄積に必要な労働力を恒常的に一定数調達することが困難になる、労働規律の喪失をもたらしうる）（田多 2018）ため導入が困難である。ゆえに、既存の社会にＢＩを埋め込むとすれば、それは条件つきとならざるをえず、完全ＵＢＩは革命を伴う行為となりうると解釈できよう。ＢＩを現在の経済・社会状況下で導入しようとするならば、それは「革命」をもたらすような完全ＵＢＩではなく、条件つき完全ＢＩという、現行の社会手当の「進化」形にとどまらざるをえないのではないか。

(1) 現物給付とは、現金以外の形態でなされる給付であり、サービス給付とも呼ばれる。例えば、医療保険で提供される治療（療養の給付と呼ばれる）や、介護保険で提供される介護サービスなどをさす。
(2) 月額8万円という金額は、小沢（2002；2010）の想定に依拠している。
(3) 例えば、オッフェは25歳を超えた市民に6か月から10年にわたるＢＩを提供し、その間の各人の自由な活動をサポートするという「サバティカル・アカウント」なるものを提唱した（宮本 2004；Offe 2003）。

第10章

ベーシックインカムと自由

■貧困問題との関連から考える

【志賀信夫】

はじめに

ベーシックインカム（以下、ＢＩ）とは、すべての個人に無条件で一定額を継続的に給付するという政策である。本稿では、このＢＩについて貧困問題と自由の側面から批判的に検討していきたい。

1 「新しい貧困」という社会問題

近年、日本においても「新しい貧困」と呼ばれる貧困問題が社会問題化している。それは、産業構造の変化、雇用なき成長、雇用形態の多様化、女性の社会進出等に伴う家族形態の多様化と価値観の多様化等によって生じてきた問題である。家族形態が多様化すれば、特定の家族モデルを想定して形成された社会保障にとって射程外となってしまう対象が生じてくる。この家族形態の多様化は、世帯人員の少人数化を伴いながら進行しているが、この世帯人員の少人数化は、従来の大きな家族で担われていた部分の福祉機能を家族内で完結させることを不可能としてしまうような事態を生じさせている。筆者はこれを「家族福祉の外化」と呼んでいる。つまり、家族福祉の担い手が不在となり、その部分が外に放り出されるということである。この家族福祉の外化は、家事労働を引き受けてきた女性の社会進出とも関係している。

外化された家族福祉は、それが社会問題となっている限り、社会全体で受け止められ対応がなされるか、市場に委任されるかの選択を迫られる。外化された福祉が社会化されるか市場化されるかというせめぎあいのなかで「新しい貧困」が社会問題化しているのである。当然だが、福祉が市場化し貨幣によって購入せねばならないものとなれば、人々のなかにはそれを購入できない者も生じてくる。これは、病院に行きたくても行けない、介護を引き受けるために離職するなどの問題を生じさせている。

また、先に言及したような人々の価値観の多様化は、人権意識や権利意識の全般的な進展もそのなかに含んでいるが、これによって従来の社会において抑圧・排除されていた人々の生活状態に対する新たな認識（＝放置しておくことはできない、という認識）も醸成されてきている。このことが、従来は看過されてきた生活問題を社会問題化させているという側面もある。例えば、性的マイノリティの生活問題はこれにあたる。家族福祉の外化と新たな生活問題はともに現代における「新しい貧困」の問題を構成している。さらに、看過すべきでない「新しい貧困」問題の構成要素として、社会保障予算抑制の問題もある。この予算抑制路線は福祉の市場化と歩みをともにしている。予算抑制に伴う公的な福祉抑制が、貧困問題への対応を停滞させ問題を激化させている側面があるのだ。予算抑制がなされれば、人々の生活が圧迫され、充足できないニーズが生じるのは当然のことである。

貧困とはなにか

貧困とは、しばしば「あってはならない生活状態」のことだといわれるが（青木 2010；岩田 2007；金子 2017）、この「あってはならない生活状態」をどのような水準から理解するかによって、いわゆる貧困の概念と定義が変わる（志賀 2016）。簡潔に表現すれば、「あってはならない生活状態」を動物的生存の維持の不可能性という水準から考えるのか（＝絶対的貧困）、特定の家族モデルを想定し、その生活スタイル維持の不可能性という水準から考えるのか（＝

相対的剥奪概念から定義される貧困）、またあるいは個人の自由と権利の実質的保障という側面から考えるのか（＝社会的排除概念から定義される貧困）によって、貧困の捉え方が変化しているということである。この貧困の意味内容の変化は、貧困概念の歴史的な変化・拡大として理解すべきものである。

先に述べたように、近年、社会の人々の価値観が多様化してきているが、これに伴って、貧困をどのように理解するのかということについても多くの議論と新しい見解が提示されるようになってきた。したがって、現代社会における「あってはならない生活状態」をめぐる社会規範を表現しようとすれば、これまでの表現よりも複雑で抽象的なものとならざるをえない。だが、抽象的であるからといって、それが役に立たないということにはならない。

結論からいえば、現代の貧困はもはや、「財の欠如（＝お金がないこと）」という表現では尽くすことのできないものとなっており、権利の不全と自由の欠如という視点を軸とした理解が必要である。ここで権利と自由という言葉を並列的においたのは、権利が自由の法的形態であるからである。社会の構成員が相互に保障しようと決め、時間と空間を超えてその約束事を遵守するために法としてルール化した自由が権利である。したがって、権利と自由には重なる領域がある。しかし、貧困が「あるべきでない生活状態」であるということに鑑みれば、既存の法的形態をまとった自由（＝権利）の不全だけが「あってはならない」と判断されるとは限らない。つまり、権利にはなっていないが権利化すべき自由の領域が欠如していることを「あってはならない」と判断することもありうることなのである。こうした判断は、「あってはならない生活状態」に関する社会規範が絶えず変化するということに鑑みれば当然の現象として理解しておかねばならない。

さて、前置きがやや複雑で長文になってしまったが、こうした前提をもとに本稿の問題意識を明らかにしておこう。本稿では、ＢＩが現代日本の貧困問題に対する政策としてどのような貢献ができるのか、あるいはできないのかについて「自由」の視点から検討する。結論からいえば、ＢＩは現時点では貧困問題に対する政策としては十分にその機能を果たすことはできない。これは、ＢＩという政策に内在する欠陥というよりも、他の政策群との関係性と社会政策を支持する社会運動の展開の程度に依拠した判断である。

2 ベーシックインカムと平等――何の平等に注目すべきか

本稿冒頭で論じたように、ＢＩはすべての個人に無条件で一定額を給付するという政策である。つまり、ＢＩが貧困対策としての側面をもつという理解から出発するならば、それは最低限度の所得の平等を旨とする政策であるということになる。

最低限度の所得の平等はたしかに重要な貧困対策の1つである。貧困対策を行う際に、所得保障は必要不可欠な条件である。だが、それは必要条件であって十分条件ではない。なぜならば、所得の平等は自由の格差と併存するからである。所得の平等に目を奪われ、自由の格差を放置してしまうことには注意を払っておくべきである。

具体的に説明しよう。ここでは、肢体不自由であり自家用車の運転も歩行もできない人と、そうでない人に登場願おう。このとき、2人が同じ所得であるとする。両者の移動の自由に着目すると、同じ所得を使用して獲得できる移動の自由には看過できないほどの格差が生じるかもしれない。逆に移動の自由の平等から考えると、同じ場所まで行くために、肢体不自由である人物はタクシーを使用せねばならないかもしれず、より多くの所得が必要かもしれない。一方で、障害がない人物は徒歩でも自転車でも（自家用車でも可能かもしれない）目的地まで到達できるだろうから、より小さな所得で事足りるかもしれない。

このように、同じ所得を使用して獲得できる生活上の自由の広がりには格差が生じる。一方で自由の平等の視点から考えると、必要とする所得には格差が生じる可能性が高い。ここでは障害者とそうでない人物を比較したが、高齢者と若者、健康そのものである人と病気がちな人、大人と子ども、男性と女性など、属性や能力の違いから自由の格差は生じる。

前段では、能力および属性の側面から自由の格差を説明したが、自由の格差を生じさせる要因は他にもある。それは社会環境である。今度は、大都市に住んでいる人物と地方都市に住んでいる人物を比較してみよう。大都市では公共交通機関が発達しており、様々な文化施設、教育施設、医療施設をはじめ生活上必要な施設や、生活をより豊かにするための施設も多い。その一方で、地方都市にはそれが不足している可能性がある。施設があっても、その施設を活用できる人材が不足しているかもしれない（医療施設と医師のように）。このとき、2つの地域を比較すると、同じ所得を使用してアクセスできる施設等には格差が生じるかもしれない。つまりこれも自由の格差である。ここでは施設等へのアクセスから自由の格差をみたが、情報へのアクセス、医療へのアクセス、教育へのアクセスなど、生活上のあらゆる局面でこうした自由の格差を見出すことができる。

これまで論じてきたように、同じ所得であっても、能力・属性、社会環境のあり方によって自由には格差が生じてくる。ここから2つの結論を引き出すことができる。

まず第1の結論は、諸個人の自由の広がりを規定するのは、所得のみならず、能力・属性そして社会環境だということである。しかも、これらの3つの要因は単独ではなく、相互の組み合わせによって自由の広がりを規定する。本節における具体例では、説明をできるだけシンプルにするために、いくつかの前提条件を課したが、現実には、所得も能力・属性も社会環境も異なる人々が同じ社会で生活しているため、自由の格差はあまりにも当たり前のものとなってしまっており、しばしば見逃されている。だからこそ、わかりやすい指標である所得格差の議論に偏る傾向がある。なお、人間は他者とともに生きる共同的存在であり、それゆえに、人間の自由も無規定な広がりをもつものではなく、共同的なものとして理解すべきであることは付言しておきたい。

第2の結論は、所得格差という社会問題の本質は、所得そのものに大きな格差があるということそれ自体ではなく、所得を使用して獲得できる自由に看過できないほどの大きな格差が生じてしまうということにあるということである。地域間格差もそうである。居住している地域によって、人々の間に看過できないほどの自由の格差が生じるということがその問題の本質なのである。

貧困問題に対応する政策を検討したり評価したりするためには、こうした自由の視点が重要である。アマルティア＝センはこの自由という概念を、ケイパビリティ論において展開している（Sen 1992=1999）。ＢＩが貧困問題にどのような貢献をするのかについて考える場合についても、自由の視点から得られる示唆は多い。

3　自由の格差と不平等、貧困

第2節では、所得の平等が自由の格差を生じさせてしまうこと、そして自由の広がりは所得のみならず、能力・属性および社会環境によっても規定されることを説明した。次に、自由の格差と不平等、貧困の関係性について説明する。ＢＩを検討する前に、さらにいくつかの概念的整理が必要である。

格差とはそもそも差があるという事実をさしている。所得格差であっても自由の格差であっても、それ自体が善であるとか悪であるというような価値判断は含まれていない。したがって、「格差があって何が悪い」という主張をいったんは受け入れざるをえない。だが、大きすぎる格差については、社会規範が許容せず異議申し立てがなされることがある。広がりすぎた格差について「それは不平等である」という判断が社会によってなされるのである。すなわち、不平等とは、看過できないほどに拡大した「あってはならない格差」のことなのである。「あってはならない」ほどの大きな格差が生じれば、その格差は社会問題化することになる。社会問題としての格差問題になるということである。換言すれば、社会問題としての格差問題が不平等問題なのだということである。

現代の日本（他の先進資本主義諸国においてもそうだが）で、格差が社会問題になっているということは、その大きすぎる格差の是正が社会的に要請されているということでもある。不平等問題に対する平等化の要請があるというわけである。だが、この場合の平等化の要請は必ずしも「完全な平等」を意味しているのではない。不平等が「あってはならない格差」のことであるとすれば、平等化の要請は許容できる格差水準を目標とするものなのである。

格差と不平等の概念的区別について整理したならば、次なる疑問として、許容できる格差水準を維持すればそれでよいのかということが浮かび上がってくる。例えば、日本の現在の生活保護制度における生活扶助額の算定方法は、水準均衡方式と呼ばれ、保護利用世帯と一般世帯の所得格差を容認できる水準に均衡（維持）させるものである。だが、一定の格差水準を維持したとしても、国民全体が貧困化し、比較対象となる一般世帯も同じように貧困化すれば、許容できる一定の格差水準は維持できたとしても生活保護利用世帯の生活扶助費は引き下げられていくことになる。

このことに鑑みるのであれば、格差と不平等の問題だけでなく、貧困問題に着目する必要が生じてくる。すでに湯浅誠（2006）が「格差ではなく貧困の議論を」という的確な主張をしている。だが、貧困は格差と無関係ではない。貧困は「あってはならない生活状態」のことであり、この「あってはならない生活状態」をどのような側面から理解するのかということは、「あってはならない格差」の問題と連続しているからである。「あってはならない生活状態」に対する取り組みは、「最低限度の平等としてこれだけは保障すべきである」という生活状態を目標として実施される。そして、この「最低限度の平等」がめざされるときに、それがどのような次元（所得／機会／結果／自由等……）の平等に着目して実施されるのかが重要になってくる。さらに最低限度の平等の議論は、社会の人々がどのような次元の格差を問題視しているのかという議論と連続しているのである。

さて、こうした理解から進んでＢＩについて考えると、ＢＩは最低限度の所得の平等を達成するかもしれないが、最低限度の自由の平等を達成することはできないということがいえそうである。

予想される反論

所得の平等が自由の格差を生じさせるという根拠からＢＩを批判するとき、予想される反論としては次の2つが考えられる。

第1に、ＢＩはそもそも生活に必要な所得を保障するものではなく、常に頼ることのできる所得補助的なものという批判である。第2に、ＢＩはそれ単独で実施されるのではなく、既存の現物給付制度を維持しつつ実施されるため、まるで現物給付部分をＢＩに解消させるかのような議論は有効でないという批判である。この2つの批判に対する反批判とまではいかないが、少なくとも考え方を整理しておく必要はあるだろう。

第1の反論について

ガイ・スタンディングはＢＩについて次のように述べている。

「ベーシック」という言葉は、多くの混乱を招く原因になっている。少なくとも、その社会で最低限の生活を送るのに必要な金額を給付すべきだが、もっと給付を手厚くしてもいい。いずれにせよ、根本的な目的は、経済面での基礎的な保障を提供することだ。全面的な保障や裕福な暮らしを約束することは想定されていない。それは不可能だし、好ましくもない。（スタンディング 2018：11-12）

スタンディングにみられるように、ＢＩが当該社会において最低限の経済生活を送るのに必要な金額を保障するものであるという考え方は、日本におけるＢＩ論者の小沢修司（2002；2008）、山森亮（2009）においても主張されている。その一方で、フィリップ・ヴァン・パリースは次のように述べている。

ベーシックインカムの定義においては、何らかのベーシック・ニーズ概念はまったく関係がない。定義から言えば、ベーシックインカムは見苦しくない生存にとって必要と見なされるものに足りないことも、それを超過することもありうるのだ。

（パリース 2009：56）

両者に対してトニー・フィッツパトリック（2005）は、前者のようなベーシックニーズを充足可能なものを完全ＢＩ、そうでないものを部分ＢＩとしている。また、ＢＩ給付の無条件性部分を緩和し、一部の条件をつけてターゲッティングしたものを過渡的ＢＩとしている。過渡的ＢＩには、アンソニー・アトキンソン（Atkinson 1995；1998）が主張しているような「参加所得」等がある。

本稿ではこれまで、完全ＢＩを想定して貧困と自由の問題を検討してきた。仮に、完全ＢＩではなく、ＢＩがベーシックニーズとは無関係な所得補助の役割のみを演じるものだとすれば、それは他の社会保障政策とは無関係かつ無条件に給付されるものであり、それがない場合よりもある場合の方が、一部の人々を除く大部分の人々の自由は拡大するかもしれない。このとき、当然だが、公的扶助制度は不完全ＢＩのような付加的な所得を収入認定の対象とするのかどうか等の制度間の整合性の議論を必然化させる。もしも、不完全ＢＩの給付が収入認定の対象となる場合、公的扶助制度利用者とそうでない人々の格差（所得格差も自由の格差も）は拡大するだろう。あるいは、ＢＩが公的扶助制度利用を忌避させる装置として機能してしまう可能性も払拭できない。そうなれば、公的扶助制度利用者はこの社会においてますます周縁化されてしまうかもしれず、スティグマはより強化され差別の助長がなされてしまう可能性がある。

山森は、実現可能性を考慮しながら、部分的ＢＩや過渡的ＢＩから開始して徐々に完全ＢＩに近づけていくという主張をしているが（橋木・山森 2009：240-245）、それもやはり前段で論じたような理由から、公的扶助制度用者に対する決して見過ごすことのできない差別と格差を助長してしまう余地を残してしまうことになる。

これらの議論も踏まえつつ、完全ＢＩと貧困問題をめぐる議論を進めてみよう。

第2の反論と完全ＢＩ

しばしば、ＢＩは様々な立場の人々が同床異夢的に主張していることが指摘される。フィッツパトリック（2005）は、急進右派、福祉集合主義、社会主義、フェミニズム、エコロジズム等の多様なイデオロギーがどのようにＢＩを主張してきたかについて整理している。

フィッツパトリックが指摘するように、ＢＩはよって立つイデオロギー次第で果たされる機能が変わる。ＢＩを実現する代わりに他の社会保障をそこに解消しようという機能が果たされるということもありうる。実際に、経済成長主義や企業主義的開発主義を支持する者が、ＢＩの実現の代わりに社会保障の解消を主張することがある。こうした主張は、「外化された福祉」に対応するサービスの貨幣による購入によって、人々の自由度を高めるという見解を含んでいるが、ここで論じられている自由は、共同的な自由でないばかりか、本稿で論じているような自由の視点から考える貧困問題と不平等問題の緩和・解消にはかえって逆効果である。特に現在の日本においてＢＩが果たす機能は、人々の自由をますます制限することに貢献する可能性が高い。

しかし、一方で、反貧困の立場や社会保障充実を支持しているはずの人々がＢＩを支持することがある。そうした人々は、既存の社会保障制度とそれに関係する制度を維持あるいは充実させ、さらに完全ＢＩを実施するという主張を展開していることが多い。なるほど、そのようになれば現在よりも諸個人の自由は拡大するうえに、最低限度の自由の平等も達成される可能性が大いにある。うまくいけば、保障される最低限度の自由の平等の水準が底上げされ、すべての人々の幸福追求の自由が拡大するかもしれない。

だが、そのようなあり方を要求し維持させるだけの社会的力をもった主体が現時点の日本で形成されているだろうか。だからこそ部分的ＢＩから完全ＢＩへと移行させるという主張もあるだろうが、そのためにもやはりＢＩ給付額の引き上げを要求できる主体が必要である。これに対しては、ＢＩはすべての個人に給付されるので、その給付額の引き上げを支持する潜勢力となる主体は少なからずあるのだという反論もあるかもしれない。だが、そうした社会運動は、前段で言及したように一部の人々（公的扶助利用者など）を取り残したまま展開されてしまうだろう。

既存の社会保障を拡充しながら、さらに完全ＢＩを実現するという提案はたしかに魅力的である。例えば、保育、教育、医療、介護等を市場で購入するのではなく、すべての人々が必要なときにいつでも無条件にアクセス可能な普遍主義的システムが形成され、そのうえで公的扶助における給付額以上のＢＩが実現できれば、たしかに「ベーシックニーズ」とすべての人間の最低限度の自由はおおむね保障されるだろう。

しかし、先にも述べたように、こうした普遍主義的システムとＢＩという組み合わせも、それを要求し維持しようという主体が形成されていない限り、上滑りした議論になる(1)。重要なのは、要求する主体なのである。この点については、次節でさらに追究する。

断っておきたいが、筆者はＢＩを完全に否定し去ろうと意図しているのではない。ＢＩと貧困問題の関係性の議論については、自由を獲得し脱商品化を要求する主体の形成に関する議論を含む必要があることを主張したいのである。

4　自由と権利を求める主体とベーシックインカム

優先すべき政策の判断基準

権利とは、それがあればただそれだけで事足りるというものではない。権利があっても、それが形式的な権利にとどまっている間は、意味をなさない。もちろんこれは権利がなくてもいいということをいっているのではない。権利とは、先人たちが獲得し社会全体にその保証を約束させた自由の範囲である。特に、現在の私たちに保証されている生きる権利や幸福追求に関わる権利は、生活者（労働者階級）が不断の努力のなかで勝ち取ってきたものであり、初めからあったものでも誰かに与えられたものでもない。しかも、それは不利な立場を乗り越えて闘い勝ち取ってきた成果物である。現代社会に生きる生活者は、この自由の拡大の歴史の連続性の上に立っている。

このように考えるとき、新しい政策を要求し新しい取り組みを試みようという場合に重要なことは、それが自由の拡大の歴史と連続的であり、逆行しないものであるかどうかということである。政策を導入することで生活者の自由は後退しないかということを常に念頭においておく必要がある。特に当該社会において最も不遇な人々の自由が拡大したかどうかという視点が重要である。それはその当事者にとって重要であるばかりでなく、それ以外の人々にとっても重要である。

このことは単に、現役の労働者も常に貧困のリスクに晒されているから、というような理由だけによらない。安定的雇用に従事している多くの労働者は、そうした理由が事実であったとしても、リアリティを感じているわけではない。こうした説明だけでは、貧困問題が労働者の問題として扱われる可能性を低いまま放置しておくことになってしまう。

これまで述べてきたように、貧困対策の視点から考えるとき、最低限度の所得の平等だけでなく、最低限度の自由の平等の視点が重要だが、だからこそBIを主張するならばよりいっそう自由の平等や権利の実質性に着目すべきであり、普遍主義的システムとセットで主張すべきである。

もちろん、同時的に2つ（普遍主義的システムとBI）を主張することは困難が伴うかもしれない。そうした場合に、いずれを優先させるべきかという優先順位に関する情報の提示が重要になってくる。単に、BIの新しさや制度説明を行ったり、ベーシックニーズを充足させるような現物給付サービスの低額化や無償化のような普遍主義的システムをそこに対立的に提示するだけでは十分ではない。様々な利害関係を持つ人々によって提示される多種多様な制度・政策や取り組みのアイデアについて、どのような基準からそれを選び取ることが有利となるのかに関する情報がなければならない。つまり、制度・政策や取り組みの優先順位に関する情報は、その優先順位がどのような基準に基づいて序列化されるのかという情報を伴わねば、人々にとって真に有効なものとはならないということである。私は、この基準を生活者の「権利の実質化」が進展するか否か、自由が拡大するか否かという視点からみるべきであると考えている。この社会における最も不遇な人々の自由の拡大は、最低限度の自由の平等の水準を向上させることであり、すべての人々の生活上の安心・安全につながるものである。この生活上の安心・安全とは、例えば、現在は通院する必要のない健康な人々が、いつでも医療機関にアクセスできることによって得られる生活上の安心のことである。

BIだけでは、一部の人々の自由を拡大することなく彼ら／彼女らを排除し、自由の不平等を助長する可能性がある。だが、普遍主義的システムはすべての人々の将来にわたる自由を拡大できるだけでなく、不平等の問題をめぐる対応についても一定の貢献をすることができるのである（格差水準を一定の範囲内で維持できる）。

ここでは、普遍主義的システムを形成することが重要であることが認識されたが、それではそうしたシステムを要求する主体はどこに形成されているのか、あるいはどうすればこれを形成するための論理整合的な説明が可能であるのだろうか。先にも述べたように、この主体に関する説明がなければ、ＢＩであろうと普遍主義的システムであろうと上滑りした議論になってしまう。

「最低限度」と要求主体の問題

ＢＩに対してしばしば懸念が示されるのは、すでに述べたように、それが新自由主義的立場を支持する者からも主張され、ＢＩに社会保障全般を解消するというような、福祉抑制の道具にされてしまう可能性をはらんでいるからである。そもそも、それは社会保障の充実を要求し、脱商品化を自覚的に要求する主体が形成されていなければ、どのようなすばらしい政策や取り組みであっても、経済成長の道具として、あるいはそのために供与される犠牲として取り込まれてしまう可能性を払拭できない。それはなにもＢＩに限ったことではない。

前節でも指摘したように、普遍主義的システムとともに完全ＢＩが実施されれば、それは脱商品化を大きく進展させる効果がある。だが、そこにたどり着くまでには、普遍主義的システムを実現したうえでＢＩを要求し、ＢＩの給付額を減額させせないような要求主体が必要である。そこで、まずもって要求されることになるのは普遍主義システムだが、その要求主体を理論的にどのように見出すのか、その主体となりうる可能性をもつのはどのような人々なのかが重要になる。

私は、その可能性をもつ人々は貧困の当事者のみならず、労働者全般（＝労働者階級）であると主張したい。なぜか。もちろん、普遍主義的システムは労働者階級の自由を拡大するという理由もある。本稿でも若干の言及をしてきたように、保育、介護、医療、教育のなかには、現役労働者にとって、いますぐに利用する必要のないものが含まれているかもしれない。それは、すぐに選択することのない自由の領域かもしれない。だが、選択しない自由の領域が保障されていることで得られる生活上の安心感と将来の展望の広がりは、さらに別の自由の領域を保障することになる。

だが、これだけでは現役労働者が要求主体になる理論的契機を説明したことにはなっていない。必要なのは、現役労働者にとってなぜ普遍主義的システムを要求することが必要なのかを、貧困の当事者の論理に則して説明するのみならず、労働者の論理に則した説明をすることである。

筆者は、この整合的な説明のために「最低限度」という言葉が不可欠であると考えている。その不可欠性は、「最低限度」という言葉の出自と歴史的経緯をみていくことで理解できる。

社会問題としての貧困問題をめぐる理論は、イギリスで誕生し発展してきた側面がおおいにあるが、イギリスの貧困対策は、いわゆる救貧法にまで遡ることができる。救貧法については、紙幅の関係上ここで詳細な説明はできないが、その特徴について高田実の次の説明を引用しておきたい。

> 救貧法は、一方では労働による自立を強要する過酷な面と、必要な人に対しては最低限ぎりぎりではあるがミニマムを保障する両面を有していたのである。この両義性を持った「最低水準しか、しかし最低限だけは」という観念がイギリスの公的福祉制度を貫く通奏低音として確立された。
>
> （高田 2012：68-9）

これを踏まえ、現代日本の「最低限度の生活の保障」を具体化している制度の1つと位置づけられる生活保護制度をみると、しばしば指摘されるように、施与や恩恵の思想の残滓が特にその運用の局面においてみられる。だからこそ、「最低生活」（最低限度の生活）という言葉を批判しつつ「最適生活」（最適な生活）という考え方が主張されることがある[2]（金子 2017；立岩 2009）。私見だが、「最低生活」から「最適生活」へという単純な主張だけでは、生活保障を充実させる決定的な契機にはなりえない。「最低限度」という言葉そのものを批判するのではなく、最低限度の平等の水準を、すべての人々が幸福追求しながら生存することのできる水準にまで引き上げるという理解が重要であることを認識し、社会運動につなげていく必要があるだろう。

これを踏まえてここで主張したいのは、「最低限度」という言葉が、19世紀末から20世紀初頭の労働者を中心とした社会的労働組合運動のなかで新たな意味を付与されたこと、そして生活保障充実をめぐるそれ以降の歴史（イギリスだけでなく日本においても）は、「最低限度」の水準を最適水準へと引き上げるための闘いであったということである。

イギリスにおける19世紀末から20世紀初頭の労働組合運動の展開は、貧困問題を個人問題の領域から解放し、社会問題として確立するだけでなく、その後さらに人々の生活問題に対応するための諸政策の形成を促した（いわゆる「リベラルフォーム」）。「ナショナルミニマム」というアイデアも、こうした労働組合運動を受けて、ウェッブ夫妻が『産業民主制論』（1975）において提唱したものである。決して、慈悲心に基づく貧民救済のためのアイデアが「ナショナルミニマム」ではないのである。

ウェッブ夫妻の「ナショナルミニマム」は、貧民救済における「最低水準しか、しかし最低限だけは」という考え方にのみ基づくのではなく、〈（失業者・半失業者を含む労働者の）これ以下の生活水準を許容することは労働者相互の連帯を損なってしまう〉という危機意識を端緒とするものでもある。

失業者や半失業者が自身の生活のために劣悪で過酷な条件での労働でも就かざるをえないような状況を放置すれば、労働者相互の競争が激化してしまう。労働者相互の競争激化は、労働条件や待遇をめぐる「下への競争」や、労働力の商品化圧力増長の契機となってしまう。その一方、労働者による「下への競争」を抑制する動機は資本の側には存在しない。その競争を抑制するのは、労働者総体（階級）の自発的な結合による自覚的な実践こそが第1のものなのである。

しかもそうした実践は都市部だけで行われるのでは意味がない。地方都市においても同じように実践される必要がある。その結果、こうした実践を社会横断的に展開し、さらに空間だけでなく時間も超えて労働市場規制を労働者自身の手で行うことの必要性が見出され、「法律制定の方策」が採用されるようになるのである。「ナショナルミニマム」はこうした文脈から提示されたアイデアである。

このように理解すれば、貧困問題への対応が貧困当事者だけの問題ではなく、現役労働者のいま現在の生活にとって直接的に不可欠なものであることが理解できる。そしてこのとき、失業者や半失業者を含めた労働者階級が要求すべき政策は、いまや最低所得保障のみならず（もちろん、これも必要なものであるということは改めて注意喚起しておきたい）、生活者のうち最も不遇な立場の者の自由を拡大するということが、理論的次元では認識できるようになるのである。一方で、労働者がより不遇な人々を放置するということは、直接的に自らの生活条件を引き下げる社会的力を是認することにつながる。

自由の格差を許容できる範囲の程度に縮小するような取り組みも重要である。これについても、より不遇な人々の自由を拡大するとともに、自由の格差を縮小するという2つの条件を満たす制度・政策は、現時点ではＢＩではなく、普遍主義的システムであると主張したい。ただし何度も述べたように、そうした普遍主義的システムは労働者階級が自覚的に要求することでしか構築されえないし、仮にそれが一部の善良な官僚によって形成されたとしても人々の社会的連帯による後ろ盾がなければ継続的な維持は不可能だろう(3)。

最後に1つ断っておきたいことがある。それは、よりよい政策を要求する「主体」が現実のどこに存在するのかという問題設定を私自身が行ったにもかかわらず、本節で読者を納得させるような、十分な回答を示しきれていないということ、およびその理由についてである。本節は「自由」という観点からみて、最優先すべき政策の提示と、労働階級にとってそれがなぜ必要かという説明に終始してしまっている。これは、現在の日本の貧困研究が「資本・労働関係（≠階級関係）」から格差・不平等・貧困が生じてくるということを正面から論じていないため、それらの諸問題が「社会構造の問題」であり特定の生活者の問題ではないということを実証できていないことに関係している。貧困問題が特定の生活者の問題ではなく、「労働者階級」全体の問題として真に理解されるためには、19世紀末から20世紀初頭のイギリスで生じたとされる「貧困観の旋回」の意味を再検討する必要があるだろう。本節における「主体」をめぐる主張を裏づける理論の限界は、この再検討のうえに立っていないということにあることは、ここで率直に述べておきたい。

5 補足として——差別と自由

スタンディングは、ＢＩが社会正義を推進するものであると論じている（スタンディング 2018：37-62）。社会正義を実現することや推進するということを議論するためには、その前提として社会正義の姿が示されておかねばならない。例えばジョン・ロールズの正義論（Rawls 1999=2010）は、より完全な正義を実現する手続きがいかなるものであるのかを示そうとした試みである。この正義論に照らしてＢＩの妥当性を問うとき、これを是とする主張もある（例えば福間 2014など）。

だが、政策の妥当性は、社会正義を推進するのみならず、不正義の是正という観点からも検討する必要がある。センは、社会正義の推進と不正義の是正を概念的に区別したうえで、後者の重要性についても看過すべきでないと主張しており（Sen 2009=2011）、私もこうしたセンの主張を支持している。不正義の是正は、本稿で論じてきた「あってはならない」生活状態や格差の是正と重なるものだからである。

また、社会正義の推進は社会政策の大きな指針となるべきであるが、それだけでは現実の社会における様々な具体的諸問題には対応できないことも多いこともその理由の1つである。具体的諸問題に対応できても、それがどのような正義を推進し、その実現に貢献するものかが不明であれば、当該社会がめざしている将来社会の姿もみえてこない。その社会がめざしている社会の姿が不明であるということは、具体的諸問題への対応が社会的にどのような意義をもつのかが理解できないだけでなく、具体的諸問題の対応に内在する何らかの欠陥があった際に、その欠陥をどの方向に向けて修正していくべきかが明確でなくなってしまう。例えば、自己責任論を徹底しようとする社会と、リスクや負担や痛みを分かち合おうとする社会では、貧困対策のみならず社会保障制度が修正される方向性に大きな差が生じる。社会内の具体的な諸問題に対する1つひとつの「あってはならない」という事柄（格差や差別を含む生活状態）に対する判断とこの判断に基づく対応は、それが結果として社会正義の推進の方向性と整合するものとならざるをえない。不正義の是正と正義の推進の両者は相互補完的なのである。

さて、本稿で言及してきた普遍主義的システムとＢＩの共通点は、前向きに考えれば、両者ともに既存の選別主義的制度に伴う差別助長機能を抑制することにある（スティグマ付与を回避する等）。だが、普遍主義的システムであってもＢＩであっても、個人的差異性に基づく差別とその差別に由来する社会的不利性の除去を根絶できるわけではない。これらは差別の積極的な排除には必ずしも対応していないのである。特定の属性をもつ個人、特定の集団、特定の地域に対する差別と社会的不利性から貧困が生起することも多いという事実に向き合うならば、選別主義的制度から普遍主義的システムへ（あるいはＢＩへ）という単純な枠組みだけで貧困問題を緩和・解消できるとは限らない。

普遍主義的システムやＢＩが実現しても、女性や障害者、性的マイノリティ等への差別、民族差別、地域差別等は解消されない可能性が高い。つまり、いくつかの重大な不正義は是正されえないということである。また、例えば、育ちのなかで家計支持能力の形成が阻害されてきた人物が、経済的困窮状況に陥ってしまった場合の自己責任論と差別はさらに強化されてしまうかもしれない。〈社会としてやるだけのことはやったのだから、あとは自己責任である〉というエクスキューズを与えてしまうかもしれないからである。

普遍主義的システムもＢＩも、そのメイン機能は社会正義の推進であって、不正義の是正はサブ機能なのである。したがって、差別を発端とする貧困問題という側面から考えるとき、普遍主義的システムの主張と同じくらい重要なアイデアは、「積極的差別是正行動」である。積極的差別是正行動が普遍主義的システムとどのように連携しながら最低限度の自由の拡大を達成していくかについては、別稿で改めて主題として論じるべきものであるため、本稿では必要最低限の説明だけしておきたい。

もしも、最低限度の自由の平等を達成し、その最低水準を向上させようとするならば、普遍主義的システムと積極的差別是正行動の組み合わせが、より妥当性をもつものであると判断できる。このことが政策において反映されるならば、社会的不利性を背負わされた人々の経済的困窮問題への対応を行う場合、ＢＩより、積極的差別是正行動の１つとしての社会手当の方がより妥当性をもつという可能性にも着目する理由が生じてくる。ただし、こうした政策が差別感情をさらに助長する可能性もありうるので、積極的差別是正行動が官僚的に実施されるだけでなく、当事者を含めた社会的連帯による実践のなかから要求されるとともに、その要求の社会的意味が明らかにされる必要があるだろう。なお、こうした積極的差別是正行動も労働者相互の競争の抑制に重要な役割を演じる。

この普遍主義的システムと積極的差別是正行動の組み合わせによる最低限度の自由の平等の水準の底上げについても、社会的不利性を背負う人々の社会運動だけで要求していけばいいというものではない。必要なのは、現役の労働者も含めた人々が、労働者相互間の競争の抑制を強化するとともに、それを担保するものとして普遍主義的システムと積極的差別是正行動を位置づけることである。

（1）　補足的に論じておくと、日本の生活保護制度は８つの扶助が基本的にセットとなった給付であるので、もしも日本においてＢＩ給付が現実味を帯びてくるとなれば、両者の整合性も考える必要が生じる。ＢＩ給付により生活保護制度からの排除が生じる可能性も場合によってはありうるからである。特に部分的ＢＩは勤労倫理を相対化する効果はあまりないように思われるが、そのとき、生活保護基準周辺の勤労所得がある人々は、部分的ＢＩと勤労所得と勤労倫理が結びつくことで、生活保護利用から遠ざかり最低限度の自由の平等以下の生活を余儀なくされるかもしれない。またこれにより、生活保護利用に対するハードルを上げてしまうかもしれない。

(2) 木下秀雄は生活保護の給付について、現金給付と現物給付について区別したうえで次のように主張している。「つまり、生活扶助が主に対応する日常生活費についての経済的支援の場合には、保護基準は『ミニマム』となるが、医療や介護、障害者に対する支援の場合、生活困窮者について、非生活困窮者に対する給付水準より劣悪な水準にとどめることは許されず、当該社会において『最適水準（オプティマム）』とされる医療ないし社会福祉給付が保障されなければならない」（木下 2012：143）。木下の主張はたしかに首肯できる。ただし、生活扶助に関して、「これ以下は許容できない」と主張できる基準はどのようなところにその根拠が求められるのかについて、今後さらなる検討が必要であろう。

(3) 制度が変われば、その制度の変更に合わせて人々が合理的に行動するとは限らない。これについては、アマルティア・センが「先験的制度尊重主義（transcendental institutionalism）」という言葉を使用しながら批判している（Sen 1999=2009）。

第11章

ベーシックインカムと資本主義システム

【佐々木隆治】

はじめに

本書の締めくくりとなる本稿では、これまでの議論を踏まえつつ、ベーシックインカム（以下、ＢＩ）と資本主義システムとの関係について考えたい。

第Ⅱ部でみたように、ヨーロッパ諸国においてＢＩが現実的な政策として議論されるようになった背景には、資本蓄積の停滞とそのもとでの「福祉国家」的な社会保障政策の行き詰まりがある。若者の失業が慢性化し、近年ではＡＩに象徴されるようなテクノロジーの発展やそれを基礎とした「インダストリー４・０」などの新たな産業様式による、さらなる雇用減少の可能性が指摘されている。このように雇用状況が深刻さを増すなか、ＢＩが主張されるようになってきたのである。もはや雇用やそれを前提とした社会保障制度によって生活の安定を実現することはできないのだから、無条件で生活に必要な貨幣を支給し、所得と労働を切り離すべきだ、という発想である。それゆえ、ＢＩは行政の効率化を志向する新自由主義的な論者だけでなく、福祉国家のワークフェア的な政策に批判的な左派によっても提唱されてきた。

しかし、こうした議論において欠落している論点がある。それは、資本主義という経済システムが人類史上きわめて特異な生産システムであり、それ自体が強力な権力作用をもっているということである。この点を踏まえるならば、ＢＩを、単なる貨幣の再分配、あるいはそれによる普遍的な所得保障に解消することはできない。とりわけＢＩと密接に関わるのは、資本主義における市場、すなわち単なる交易の場としての「いちば」ではなく、社会的生産を編成するほどに発展した市場がもつ独自の性格であり、また、そのような市場において機能する貨幣の特殊な性質である。(1) ここでいう市場は決して人間の交換行為から自然に生まれてくるものではないし、貨幣もまた交換を便利にするための中立的な道具ではない。(2) これらのことはすでにカール・マルクスや制度派などの非主流派経済学において再三論じられてきたことであるが、にもかかわらず、既存のＢＩ論において意識されることは稀であった。以下では、とりわけこの市場と貨幣の独自性に焦点をあて、資本主義システムとＢＩとの関連についてみていくことにしよう。

1　市場と貨幣の権力性

市場の独自性

一般に市場は交換から生まれたものだと考えられている。典型的なのはアダム・スミスの理解だ。スミスによれば、人間は、動物と違って、自分の利益になるように交換を行うという「交換性向」をもっている。スミスは、この「交換性向」から商品交換や分業が生まれ、市場が形成されると考えたのである。しかし、実際には市場が単なる交換によって形成されることはない。例えば、ある人が読み飽きたマンガを親友と交換し、別のマンガを手に入れるとすれば、彼らはたしかに自分の欲望を満たすために交換を行ったわけだが、だからといってこのマンガが商品となっているわけではない。また、この交換が行われる場を市場と呼ぶ人はいないだろう。

実は、市場は生産の特殊なやり方と結びついている。社会的分業が互いに疎遠な関係にある生産者、すなわち私的生産者たちによって営まれているとき、初めて市場は成立するのである。つまり、互いに人格的なつながりのない、ばらばらの生産者（個人の場合もあれば、企業の場合もある）が互いに生産物を交換し合うときに、初めてそれらのモノは商品となり、市場が形成される。というのも、そのとき初めて、モノの所持者が互いに値踏みをしてモノを交換するようになるからである。

先のマンガの例においては値踏みをしてモノを交換することは行われていなかった。2人はもともと親友であり、相手を出し抜いて自分だけが得をしようとする間柄ではない。つまり、彼らは親友だからマンガを交換したのであり、交換によって得をするために関係を取り結んだのではない。それに、彼らが交換したのはすでに読み飽きたマンガであり、それがどんな比率で交換できるかによって生活が左右されるわけではない。だから、彼らはたしかに交換によって利益を得るのであるが、その仕方は非常に大雑把であり、いちいち値踏みをすることなどしなかった。

ところが、私的生産者が交換を行う場合には事情が異なる。彼らは互いに知り合いではなく、何の利害の共通性もない。彼らは人格的なつながりがあるから交換するのではなく、交換によってモノを手に入れる必要があるから相手と関わるのである。彼らの間を取り結ぶものはモノとモノとの関係にすぎない。彼らは相手のことは考えず、できるだけ有利な比率で交換したいと思っている。また、彼らは読み飽きたマンガではなく、自分が時間やお金を費やして生産したモノを交換に出すのだから、適正な比率で交換することができなければ、生きていくことができない。だからこそ、私的生産者たちが社会的分業を行い、交換をする場合には、必ず値踏みをして交換しなければならないのである。

このように値踏みをして交換するときには、私的生産者たちはモノに対して、そのモノがもつ有用な性格（使用価値）とは区別される、ある独自な社会的な力を認めていることになる。というのも、使用価値としてはモノはどれも違ったものであり（同じモノであれば、そもそも交換する必要はない）、両方のモノを比較して値踏みをするということは、違うモノを共通の性格、共通の社会的力をもつモノとして扱っていることになるからである（もっとも生産者自身はこのことを自覚していない）。マルクスはモノがもつ、この社会的な力、すなわち交換力のことを「価値」と呼んだ。市場とは、この「価値」をもつに至ったモノ、すなわち商品が交換される場にほかならない。

以上にみてきたように、市場は単なる交換から生まれてくるものではない。私的生産者たちが社会的分業を営むために、互いに値踏みをしてモノを交換する必要があるから、商品が生まれ、市場が形成されるのである。そして、私的生産者たちが社会的分業を営むに至るには、きわめて特殊な歴史的条件が必要とされるのであり、その創出にあたっては組織された巨大な暴力が用いられた(3)。市場は決して自然の制度ではなく、ある特殊な社会関係に基づく特殊なシステムなのである。それは、交換を円滑にするための中立的な制度ではない。むしろ、市場においては人々はモノの力に依存することによってしか経済生活を営むことができないので、このモノの関係が自立化し、それによって自分たちの生活が振り回されるようになる。私たちが自分たちから独立しているかのような「景気」について語ることができるのは、このようなモノの関係の自立化があるからだ。マルクスやそれに影響を受けた社会理論においては、社会関係を取り結ぶ力をもつに至ったモノのことを「物象」と呼び、人間の経済活動がモノの関係によって規定され、制御されるという転倒した事態のことを「物象化」と呼んできた(4)。こうした概念によって、市場がもつ独自の性格、すなわち人間たちからモノの関係が自立化し、むしろこの自立化したモノの関係（いわゆる「市場メカニズム」）が人間たちの生産活動や生活を制御するという転倒的な権力構造のあり方を理論的に表現しようとしたのである(5)。

貨幣の権力性

市場が交換から生まれた自然な制度ではないように、貨幣もまた交換から生まれた中立的な道具ではない。市場の権力的性格に対応して、そこで機能する貨幣もまた独自の権力的性格をもつ。このような貨幣の独自性を把握するためのカギは、モノを商品として交換する際に不可欠となる「価値表現」にある(6)。私的生産者がモノを値踏みして交換する際には、モノを商品として扱うことになるが、モノを商品として扱うには、値札をつけて商品の価値を相手にわかるように表示しなければならない。なぜなら、商品がもつ交換力、すなわち価値はその商品自身によっては表現することができず、他の商品との関係によってしか表現されえないからだ。つまり、商品は「他の商品」の一定量を自分の値札に書き込み、その「他の商品」を「それを持ってきたら自分とただちに交換できるもの」とすることによってしか、自分の価値を表示できない。この「他の商品」が、あらゆる商品の値札に書き込まれ、あらゆる商品の価値を表示するものとして一般化されたものが貨幣にほかならない。貨幣は、あらゆる商品が自らの価値を表現するためにそれを自らの値札に書き込むがゆえに、どんな商品も必ず入手することができるというきわめて強力な力、すなわち「直接的交換可能性」を排他的にもつのである。これに対し、一般の商品はたしかに価値という交換力をもってはいるが、値札に貨幣を書き込むことによってしか交換可能な形態をとることができないので、「非直接的交換可能性」しかもっていない。

このように、貨幣は一般の商品にはない「直接的交換可能性」という特別な力をもった物象であり、その力によって経済あるいは社会に大きな影響を及ぼす。例えば貨幣を所有する個人は、文脈に関わりなく、それがもつ強大な社会的力をいつでも行使することができる。つまり、貨幣さえあれば、個人は人格的関係に依存することなく社会的力を行使し、他者を動かすことができるし、また貨幣がもつ直接的交換可能性ゆえに自らが望むときにいつでもその力を行使できる。

古代の詩人や哲学者たちも指弾しているように、貨幣は生まれたときからすでに権力性を帯びていたが、市場が全面化した社会、つまり私たちが生きる資本主義社会において、その力は決定的なものとなる。貨幣は商品化の度合いが低い社会では生活領域全体を支配するほどの社会的力をもっていなかった。貨幣がそのような力をもつには、市場を中心とした経済システムが全面化する必要がある。商品生産が発展すればするほど貨幣の力は強まり、逆に、貨幣の力が商品生産関係を拡大させていく。というのは、商品生産が発展すればするほど貨幣は生活のなかで重要な位置を占めるようになり、貨幣が重要なものになればなるほど生産は貨幣を目的として行われるようになるからである。

2　ベーシックインカムと資本主義社会

BIと市場の偶然性

さて、以上のような市場と貨幣の独自性を踏まえたうえでＢＩについて考えていこう。

近代以前の経済システムでは何らかの計画を社会的に決定したり、伝統や慣習に従ったりして社会的分業を行っていたから、人々がモノの関係に振り回されるということはなかった。また、災害や気候などによる偶然性はあったが、経済システムそのもののなかには偶然性はほとんどなかった。しかし、市場においては事情はまったく異なる。人々は個々ばらばらに経済活動を行い、モノを値踏みして交換することによって、結果として社会的分業を成り立たせているにすぎない。しかも、商品の価値は貨幣によって表現されなければならないがゆえに、一般の商品は直接的交換可能性をもたない。それゆえ、市場においては人々はモノの関係に依存することによってしか生きていくことができないにもかかわらず、このモノの関係は偶然的に成立するものでしかない。端的にいえば、人々は貨幣を手に入れなければ生きていくことができないが、自分の商品が売れないということは十分にありうる。それゆえ、市場という経済システムにおいては人々の生存は根源的には保障されていないのである。

この問題を考えるうえでわかりやすいのが、次のようなケースであろう。誰でも、急病やケガなどによって急な支出が必要になるときがある。そのような場合でも医療分野の現物給付制度がしっかりしていれば、必要な医療サービスを無料か非常に低額で受けることができる。しかし、もしこうした現物給付がまったくなかったら、どうなるだろうか。その結果を考えるうえで、アメリカの公的医療保障は非常に示唆的である。アメリカの公的医療制度は新自由主義改革のあおりを受け、現物給付を減らし、自己負担率を増加させ、「自由診療」という名の保険外診療を増やしていった。自己負担の増加によって家計が苦しくなると民間の医療保険に入る人々が多くなったが、このような民間の保険会社に加入しても、保険がカバーする範囲はかなり限定的で、一度医者にかかると借金漬けになるというケースが非常に多い。2014年からはいわゆる「オバマケア」が実施され、一定の改善はみられたが、医療費の高騰は止まらず、問題は解決していない。

この事例に象徴されるように、人間が生きていくなかでいろいろな物資やサービスを必要としたとき、市場の内部だけで対処するには限界がある。もちろん、現状の貨幣価値のまま1人あたり年間2000万円の現金を保障するなどすれば、このような偶然性もある程度なくなるだろうが、いうまでもなく実現不可能である。通常の想定で考える限り、どのようなBIによっても以上のような市場の偶然性からは脱却できない。

第4章で井手も指摘しているように、生存を保障するにあたって最も重要なことは、人間が生きるのに最低限必要な基礎的な社会的サービス（医療、住居、教育など）を市場の論理から切り離していくことである。すなわち、それらを普遍主義の原則に従って無償で保障することが必要となる。エスピン・アンデルセンが必要な物資やサービスの「脱商品化」を福祉国家の指標とするのも、このような事情による。人間の生存を保障するためには市場の論理の抑制が多かれ少なかれ必要なのである。

BIと貨幣の権力性

BIが生活保障とならない理由は市場の偶然性だけではない。市場や貨幣がもつ権力性もまた貨幣の再分配に深刻な影響を及ぼす。というのも、それらの力は人間たちの共同性を解体する方向に作用し、彼らの人格性や社会的結びつきのあり方を根本的に変えてしまうからだ。

例えば、育児や介護といったケアワークの領域について考えてみよう。前近代社会では現代的な核家族は形成されておらず、今でいうケアワークの多くは地域的コミュニティのなかで行われていた(7)。ところが、近代化＝資本主義的システムの成立とともに、孤立的な近代家族が形成されていき、ケアワークの多くはコミュニティから切り離された母親ないし女性に押しつけられていった(8)。その後、労働運動などの社会的圧力のもとで社会保障制度の整備が進み、ケアワークも社会化されていくが、「低成長」の時代に突入し、新自由主義的再編への動きが強まるなかでケアワークの商品化が進んでいる。このようなケアワークの商品化は、決してサービスの向上を意味しない。行政による公的な保育施設が未整備である状況下での保育の市場化は、劣悪な条件の無認可保育園を増加させ、子どもの発育や安全性に対する疑問を投げかけている。介護の市場化についても、介護保険制度のもとで介護報酬が政策的に低く抑えられるなかで、介護労働の場での虐待事件などがしばしば報じられており、ケアが人間的なものになっているとは言い難い。これらの問題が単なる貨幣の再分配によって解決されないことは明らかである。

とはいえ、ＢＩによって労働時間が削減されるのであれば、核家族によってケアワークを担うことは可能ではないかという反論もありうるだろう。だが、仮にＢＩによってこのような状況が生まれたとしても、虐待事件の頻発が端的に示しているように、孤立した核家族のみでケアワークを完全に担うことが不可能である以上、やはり問題の解決にはならない。現代の家族形態を前提にするならば、どのようなケアワークも何らかの行政的支援あるいはコミュニティによる支援を必要とするのであり、ＢＩによってそれらを手に入れることはできない。それどころか、貨幣がもつ直接的交換可能性という特別な力を考慮に入れるのであれば、ＢＩは貨幣や市場へのいっそうの依存を生み出しかねない。そうなれば、人々の共同性はますます解体され、公的ないし地域的支援の社会的基盤がますます失われていくことになるだろう。

このような貨幣への依存は、様々な事例においてみることができる。日本の農業政策では、減反を実施した農家に補助金を支給する仕組みがあり、補助金依存体質から脱却できない場合も少なくないといわれる。もちろん、これはかつての自民党政治による開発主義と地方への補助金を通じての社会統合の結果であり、貨幣の再分配によって人々の自発的結合の可能性が阻害されている端的な事例である。あるいは18世紀末にイギリスにおいて導入された「スピーナムランド制度」（パンの価格と連動した賃金扶助と家族給付の合計よりも賃金が低い場合には、その差額分の給付を受けることができるという制度）の帰結はもっと劇的である。カール・ポランニーによれば、スピーナムランド法によって「一世代のうちに、農村の自尊心ある小作人や労働者は浮浪者やならず者へと変わってしまった。紛れもない文化的破局が彼らの文明を破滅の淵に突き落とした。彼らは粗末な小屋への課税によって土地から追い出され、古くから伝わる文化の相続人としての品位をギャンブルや売春によって失った、近代植民地の固有の文化を奪われた原住民によく似ていた」（ポランニー 2012：167）。このような貨幣の権力性による人格の退廃は決して過去のものではない。現代日本においてもギャンブル依存症、「ソシャゲ」依存症、買春の蔓延が深刻な社会問題となっており、それらが児童虐待につながっている事例もある。

もちろん、新自由主義者であればこれらの事例を「自己責任」の一言で片づけるであろうが、ＢＩ論にとっては何の問題の解決にもならない。ここで問題になっているのは市場と貨幣の力が上記のような病理をもたらすことだからだ。むしろ、このような病理を口実とした「自己責任」論の蔓延は人々の分断を強化し、貨幣の力をますます強め、社会的病理の蔓延を加速させるであろう。第2章で藤田が指摘するように、貨幣の再分配が生活保障に資するためには、いわゆる「ケースワーク」などを通じて貧困者を支援すること、そしてそうした活動の基盤となる公的機関や地域コミュニティがどうしても必要となるのである。

ＢＩと賃労働

一般にＢＩのポイントは労働と所得を切り離すことにあると考えられている。だが、労働と所得を切り離すという発想は新しいものではない。かつての社会主義運動の有名な標語「能力に応じて働き、必要に応じて受け取る」は、まさに労働と所得の切り離しを新たな社会の理想とするものであった。あるいは、歴史を遡り、前近代的共同体を考察するのであれば、労働の社会的編成と労働生産物の分配が必ずしも関連させられていない事例を数多く見出すであろう。そこでは、経済的利益が労働を直接に動機づけるのではなく、伝統や習慣、倫理や宗教など様々な形態での共同体的規制が労働を編成していたのである。

それでは、ＢＩの独自性はどこにあるのだろうか。それは資本主義システム、すなわち社会的総労働を経済的利益を通じて編成する市場という独自のシステムの内部で、労働と所得を切り離そうとすることにある。すなわち、ＢＩは、労働が資本主義システムのもとでとる独自の形態である「賃労働」と所得を切り離そうとするのである。だが、結論からいえば、ＢＩのみによって賃労働と所得を切り離すことはできない。

なによりもまず、アメリカや日本のように社会的基礎サービスの整備が不十分であり、それらの多くを貨幣で入手しなければならない社会を前提とするならば、現在のＢＩ論で一般的に想定されている貨幣給付（多くは日本円で10万円程度）だけではとうてい生活していくことはできない。ましてや、物理的、精神的な余裕をもって生活していくことなど不可能である。したがって、何らかの賃労働を行うことを強制されざるをえない。とりわけ現在の日本の社会的力関係のもとでは、労働条件がＢＩの導入によってより劣悪になる可能性が高い。ましてやＢＩと引き換えに最低賃金など各種の法的な労働規制を撤廃することになれば、低賃金労働が跋扈することは容易に予想できる。これは先にみたスピーナムランド制度において実際に発生した事態でもある。

とはいえ、ＢＩによって最低限の収入は得られるのだから、賃労働を強制する圧力が減少し、労働市場の状態が改善されるのではないかと考える向きもあろう。もちろん、労働運動が活発な社会であれば、労働組合による労働者間競争の規制がある程度はなされるだろうから、それを基礎にして高賃金を実現できるかもしれない。しかし、そのような労働市場規制なしにＢＩのみによって労働市場の状態を改善するのは困難であろう。

ＢＩ論者の多くは、単にＢＩを導入するだけで、賃労働の強制がなくなり、自由な活動が可能になると考えている。しかし、これまでみてきたような市場と貨幣の権力性を考えるのであれば、その可能性はきわめて低い。前項でみたように、貨幣給付が生活の退廃をもたらし、人々を貧困にとどめおく可能性も十分ある。しかも、社会活動は、自由時間の多寡だけでなく、そのための条件に大きく依存する。例えば会議を行うには、会議室が必要であり、大きな集会を開くにはホールが必要である。もしこのような条件整備が公的ないし社会的になされてないのであれば、ＢＩによる人々の自由の拡大というビジョンは画餅に帰し、自由時間が商品の消費活動に転化する度合いはますます高まるであろう。むしろ、貨幣給付が病理的な退廃をもたらすことによって、社会的労働を担う人々が賃労働をしない人々に向ける目が厳しいものになり、「自己責任」イデオロギーが台頭し、賃労働規律がいっそう強まるかもしれない。実際、スピーナムランド法による貧困と退廃の蔓延は、劣等処遇の原則に基づく新救貧法成立のテコとなり、結果としてより過酷な賃労働規律を生み出したのである。

それだけではない。ＢＩと賃労働の関係を考えるうえで決定的に重要なのは、資本主義システムそのものが賃労働規律を生み出し、強化することのできる力をもっているということだ。というのは、市場と貨幣の権力性は、経済活動における人間たちの承認のあり方や労働の社会的位置づけまでも変容させてしまうからだ。

フィヒテやヘーゲルがいったように、所有とは承認された占有にほかならないが、この承認のあり方は生産関係のあり方によって規定される。全面的に市場化されていない社会では、所有は身分や地位などの人格的関係に基づいていたが、市場社会においては、所有は商品や貨幣といった物象の力によって成り立つようになる。例えば、商品の売り手がまったく知らない人だとしても、私が貨幣を支払いさえすれば、売り手はその商品に対する私の所有権を認めるだろう。また、この所有権は社会的にも正当なものだと認められるだろう。逆に、市場においては、その人がどんなに貧しく苦しんでいたとしても、その人が何らかの商品を売り、貨幣を手に入れ、支払うことをしなければ、その人は商品に対する所有権を認められないだろう。さらに、社会的にもその人が商品を手に入れることができなかったことは、好ましくないことだとしても、正当なことだとされるだろう。市場が全面化した社会においては、物象の社会的力に基づく相互承認が所有の正当性の社会的基準となるのである。

まさにこのような所有の正当性の観念が労働に決定的な影響を与える。現実には、市場における所有権は物象の力に基づいているのであり、労働に基づいているのではないが、競争のなかで商品を売って貨幣を手に入れなければならないという市場の構造自体が、何らかの「努力の結果」としての所有という観念を生み出し、この努力が「労働」と表象されるからである。この観念は単なる資金運用までも「労働」とみなす表象を生み出し、それによる所有の正当性を補強する一方で、人々に賃労働を強制する圧力を生み出す。というのも、この観念においては、所有は「労働」の結果でなければ不正だとされるからである。(9)

ＢＩはそれ自体としては資本主義システムに手をつけずに貨幣を再分配するものにすぎず、それによって賃労働がなくなることはない。むしろ、ＢＩは賃労働によって生産された商品を前提としている。だとすれば、以上のような資本主義システム自体が生み出す賃労働強制圧力をＢＩによって回避することはできない。それどころか、ＢＩによって所有の正当性をめぐる観念はいっそう先鋭化するだろう。というのも、貨幣はどんな商品に対しても直接的交換可能性をもつ一般的富の化身だからである。だからこそ、市場を媒介としない貨幣の給付に対しては現物給付の場合よりもいっそう激しいバッシングが巻き起こるのである。それゆえ、仮に現在の日本でＢＩが実現したとしたら、他の社会保障制度に対する猛烈な切り下げ圧力が生じることは間違いない。貨幣給付を不正とする観念が、「本来働いて自由競争によって手に入れなければならない貨幣を無条件で配るのだから、そのかわり既存の社会保障制度は削減されてしかるべきだ」という発想を生み出すからである。実際、新自由主義者がＢＩを主張するときには、既存の社会保障制度の削減がセットになっている。

ＢＩ論は貨幣をあたかも道具のように使って生存や自由の問題を解決することができると考えているようにみえる。しかし、それは貨幣のもつ固有の権力性に対する認識が欠落した、非常に危険な議論だといわざるをえない。物象化によって人々が排他的に行使することのできる貨幣の力に依存するようになると、諸個人はますますばらばらな私的な諸個人として形成されていくことになる。つまり、諸個人の人格もまた物象の論理に従ったものへと変容していく。貨幣の獲得のために、他人の生活・生命、自然環境を犠牲にすることも厭わないような生活態度が形成されていく。さらに、こうして貨幣の力が強くなればなるほど、資本の力も増大する。資本とは価値の自己増殖運動にほかならず、その運動は自立化した価値としての貨幣の力に依存しているからである。しかも、貨幣の力によって共同性が解体されると、その領域を市場として包摂する資本の力が強まっていく。資本の力が社会的に大きくなれば、現在私たちが目にしているように、社会保障の削減、労働規制の撤廃といった新自由主義的再編への圧力がいっそう強まっていくのである。

3　ベーシックインカムの可能性

ＢＩと福祉国家

以上にみてきたように、ＢＩのみによって現在の社会保障システムの矛盾を解決することはできない。ましてや、人々を賃労働から解き放ち、自由な生活を実現することはできない。では、ＢＩには何の実践的意義もないのであろうか。決してそうではない。社会的文脈によってはＢＩは解放の一手段となりうるのである。

第2節のＢＩと賃労働の関係の考察において「アメリカや日本のように社会的基礎サービスの整備が不十分であり、それらの多くを貨幣で入手しなければならない社会を前提とするならば」（183頁）という限定を付したが、逆に北欧のように教育、医療、保育、介護、住宅などの社会的基礎サービスの整備が進んでおり、それらが無償ないしは安価に提供されている社会を前提するならば、ＢＩはまったく違った意味をもつことになるだろう。そのような社会においては比較的少ない貨幣で生活していくことができるので、現在想定されているＢＩの水準でも賃労働を強制する圧力を著しく減じることができるだろう。また、脱商品化＝脱物象化が進んでおり、地域コミュニティも強固であるため、さしあたり貨幣の破壊的作用も大きなものとはならないであろう。

さらに、このようにＢＩが労働運動および社会運動の長い歴史のなかで構築されてきた福祉国家の積極的側面とともに実現されるのであれば、福祉国家のワークフェア的側面を縮減し、人々の自由をいっそう拡大することができるに違いない。この点で参考になるのが、「ブルシットジョブ」（「まったく無意味で、不必要であり、あるいは有害であるために、雇用条件の一部として、被雇用者がそうではないふりをすることを強いられているにもかかわらず、被雇用者ですらその存在を正当化することができない雇用の一形態」（Graeber 2018: 9f））をめぐるデヴィッド・グレーバーの議論である。グレーバーによれば、1980年代以降の製造業離れとサービス業の増大という現象に隠れているものは、ブルシットジョブの台頭である。一方での生産力の増大による労働時間の減少は、他方でのブルシットジョブの増大によって相殺されてしまっているのである。グレーバーは、このようなブルシットジョブの増殖は、可能な限り給付を抑制し、賃労働を促進しようとするワークフェア的な福祉行政によっても引き起こされている、という。というのも、第1に、雇用保障プログラムなどの社会保障制度においては「失業者や、そうでなくても物質的欠乏にある人々が、政府が言うところの、彼らのために取っておいた貨幣にアクセスするのを可能な限り困難にするための……精巧な障害物」

(Graeber 2018 : 271) を作り上げるためのブルシットジョブがあり、第2に、そのような「障害物」のために、たとえ資格者であったとしても受給にたどりつくことは容易ではなく、それゆえ資格者をサポートし、ガイドするという、この制度のもとでは必要ではあるが、本来不必要なブルシットジョブがあり、第3に、このサポートを行っているNGOの運営資金を確保するために各種助成金にアプライしなければならないというブルシットジョブがある……等々だからである。

ルールを書く官僚から始まり、労働年金省、執行審判所、代理人、そしてそれらの代理人を雇っているNGOのための助成金の申請を審査する資金提供団体で働いている被雇用者、これらすべてを含む島々の全体が単一の巨大な機構の一部なのであり、それは、人々は本来怠け者であり、本当は働きたくないのだという幻想、それゆえまた、彼らが文字どおり飢え死にしないように保障する責任が社会にあるとしても、彼らに生存維持手段を給付するプロセスを可能な限り、訳がわからないもの、時間を浪費するもの、屈辱的なものにすることが必要であるという幻想を維持するために存在しているのである。(Graeber 2018 : 273)

これこそが、一般的にはエリート的なニュアンスを含む「政策」を嫌うグレーバーが、にもかかわらず、BIをひとつの解決策として提示する理由である。というのも、BIは以上のような「巨大な機構」なしに実施することができ、もしそれが教育や医療などの社会的基礎サービスの無償化および脱商品化を縮小することなく、むしろ拡張しつつ実現することができるのであれば(10)、人々をブルシットジョブから解放する可能性を秘めているからだ。それゆえ、グレーバーのいうBIによるブルシットジョブの縮減論は、新自由主義者が主張するBIによる公務員削減論とは似て非なるものである。むしろ、ブルシットジョブからの解放によってケアワークや社会的基礎サービスの提供など、本当に重要なジョブに携わる可能性が生まれるのだ。

とはいえ、先進資本主義国において資本蓄積が困難であり、財政緊縮への圧力が強まっているなかで、既存の高度な社会的基礎サービスを維持あるいは拡張しながら、ＢＩを実現することはきわめて困難であろう。もしＢＩが実現できるとしても、同時に既存の社会的基礎サービスおよび社会保障の切り下げが要請される可能性が高い。そうなれば、物象の力が上昇し、賃労働規律も強化されるであろう。その意味では、福祉国家においてさえも、ＢＩは決して万能の解決策ではなく、商品化＝物象化の呼び水となる可能性も否定できないのである。

そもそもＢＩが国家による貨幣の再分配でしかない以上、それがもたらす効果はＢＩやそれを取り巻く制度によって一義的に規定されることはない。次項で検討するネグリ＝ハートが指摘しているように、その帰趨はつまるところ人々の生産と再生産の様式、すなわち人々の生活様式の総体によって決定されるのである。

ＢＩと「ポスト・キャピタリズム」

これまで資本主義システムとＢＩの関係について考察してきたが、実は、これだけでは現代のＢＩ論の考察としては十分ではない。というのも、ＢＩは「ポスト・キャピタリズム」の文脈でも主張されるようになってきているからだ。もちろん、現代の「ポスト・キャピタリズム」運動は、政治革命によって国家権力を掌握し、産業国有化と計画経済を実現しようとした、かつての「共産主義運動」とはまったく違うものだ。それは、むしろ資本主義のなかで育まれた発展的要素に着目し、人々の労働様式や生活様式に根ざした社会変革を構想する。他方、現代の「ポスト・キャピタリズム」は、それが労働組合をはじめとした社会運動に依拠するものである限り、議会を通じた漸進的な社会改良をめざす社会民主主義と共通するが、資本主義システムの「ポスト」を展望するという点で区別される。それは、資本主義を前提としたうえでの「改良」ではなく、資本主義の終焉を見据え、まさに「ポスト・キャピタリズ

ム」社会を構想するのである。(11)

ここでは「ポスト・キャピタリズム」の文脈でＢＩを主張してきた代表的論者であるアントニオ・ネグリとマイケル・ハートの議論を取り上げよう。ネグリ＝ハートは「21世紀の共産党宣言」と称された『帝国』(2000)において先駆的に「ポスト・キャピタリズム」的な変革構想を提起し、そのなかでＢＩに非常に重要な位置づけを与えた。今からみればその議論は抽象的であり、様々な批判も呼んだが、その後もネグリ＝ハートは現実の資本主義システムの矛盾の深まりと社会運動の発展から刺激を受け、真摯に変革構想を練り上げていき、(12)最新作の『アセンブリ』(2017)では資本主義システムの克服におけるＢＩの意義と限界についてより明確に展開している。

マルクスとは異なり、ネグリ＝ハートは貨幣一般と資本主義的貨幣を峻別し、「貨幣それ自体は問題ではない」(Hardt and Negri 2017 : 280)という。たしかに貨幣は社会関係を制度化することができる強力な社会的テクノロジーであるが、問題はそれによってどんな社会関係が制度化され、支えられるかだ、というのである。

> 我々が必要とするのは、コモンのもとでの平等と自由を基礎とした、新しい社会関係を打ち立てることなのであり、そしてそのとき(またそのときにだけ)、そのような社会関係を強化し、制度化するような新しい貨幣を創出しうるのである。(Hardt and Negri 2017 : 280)

マルクスが貨幣を一般的等価物に固定化された価値物としてリジッドに定義するのに対し(それゆえマルクスの場合には共産主義において貨幣は存在しえない)、ネグリ＝ハートは貨幣をより広い射程で捉え、非資本主義的な貨幣、すなわち近代的所有によってではなくコモン(個々人の特異性を包括しうる共同性)によって裏づけられた貨幣、匿名化された所有権限ではなく特異性をもつ社会的紐帯としての貨幣を構想する。そして、この新しい貨幣の創出が近代的所有からコモンへの移行とともに進んでいくと考えるのである。彼らの従来からの主張であるが、1968年以降のポストフォーディズム的生産と非物質的労働の台頭によって資本はますます人々の協働的なコミュニケーションに依存するようになっており、資本の制御のもとにあるとはいえ、潜在的にはコモンにおける生産が拡大していく。このことは、近年増大しつつある、人々のコミュニケーションや相互のサービスの提供に依存しながら、インターネット上のプラットフォームを提供することによって使用料を徴収する「シェアリング・エコノミー」といわれるようなビジネスモデルを考えてみれば、イメージしやすいかもしれない。あるいは、イギリス労働党左派が主張する、オルタナティブな生産過程の制御や生産手段の所有の構想であれば、もっと直接的にコモンにおける生産のイメージを与えてくれるであろう（O'Neill and Guinan 2018）。

ネグリ＝ハートがＢＩを位置づけるのはここである。ＢＩはまさに、コモンを通じて形成され、そのコモンを強化する新たな貨幣の創出に関わるのだ。というのも、先に述べたようなポストフォーディズム的生産のもとで、人々の社会的闘争を通じて生産の協働的性格を強め、コモンの領域を拡大していくならば、ＢＩは単に賃労働と所得を切り離すだけではなく、「共有の富を社会的生産および再生産の協働的回路に結びつける」（Hardt and Negri 2017：280）ことが可能だからである。すなわち、ここではＢＩは単に富の再分配を意味するのではなく、それが生産の共同性の拡大を支援することにより、近代的所有の論理から解放された、「コモンのもとでの自由と平等を基礎とした、新しい社会関係」を生み出すことに役立ちうるのである。

もちろん、そのような「新しい社会関係」の創出はＢＩのみによって成し遂げることができるものではない。むしろ、ＢＩはコモンにおける生産の拡大のなかで貨幣を「資本主義的貨幣」から「コモンの貨幣」へと転換していくための１つの手段にすぎない。ネグリ＝ハートが再三強調しているように、カギとなるのは国家による富の分配ではなく、生産および再生産の協働的で民主的なプラットフォームを形成し、生産および再生産を自律的で持続可能なものに転換していくことなのである。マルクスが強調したように、貨幣（ネグリたちのいう資本主義的貨幣）はある一定の生産関係の産物にほかならない。生産関係の変革は、いま私たちが貨幣として表象し、機能させている紙幣や信用の意味を根本的に変えてしまう。ここではＢＩはいわば、かつて社会主義者たちが主張した労働証券とは異なる、社会的生産に対する証券となるであろう。

（1）したがって、本稿でいう「市場」とは、カール・ポランニーがいうところの「自己調整的市場」のことであり、ただ財を交換するだけの「いちば」のことではない。もちろん、「いちば」も直接に人格的紐帯がない人々同士の交換という意味では近代的市場に類する特徴をもっているが、この交換が様々な社会的慣習や規範によって規制されていること、また交換される財が生活必需品には及ばず、社会の一部分にとどまっていることにより、明確に区別される。

（2）主流派経済学における「物々交換の神話」に対する批判としてはグレーバー（2016）を参照。

（3）市場が社会的労働の大部分を編成するようになるためには生活必需品の商品化が不可欠であり、そのためには組織された暴力を通じて直接的生産者を主要な生産手段である土地から引き剝がし、旧来の共同体所有を解体するとともに、賃労働とそれに照応する労働力再生産を強制する「本源的蓄積」のプロセスが必要であった。本源的蓄積については、カール・マルクス『資本論』第一巻およびフェデリーチ（2017）を参照。

（4）マルクスの物象化論とそれをめぐる論争については佐々木（2018）を参照。マルクスから強い影響を受けながらも、それとはややニュアンスが異なる批判理論の物象化論についてはブロナー（2018）およびアドルノ（2001）を参照。

（5）なお、本稿で用いる「権力」はミシェル・フーコーのいう「権力」であり、互いに自らの行為によって他者の行為を規定する戦略的ゲームという意味合いで用いられている。商品や貨幣といった物象は、「権力」の結節点であるとともに、それを構成するものとして作用し、その働きによって既存の権力の布置を変容させるのである。なお、マルクスの物象化論とフーコーの権力論の理論的関係については佐々木（2016）を参照。

（6）貨幣の権力性を批判する論者は古来数多く存在したが、この貨幣の権力性の謎を解いた者は19世紀半ばに至るまで存在しなかった。この貨幣の謎を解いた思想家こそが、マルクスにほかならない。マルクスは名著『資本論』のなかでも白眉とされる価値形態論において、その謎を鮮やかに解いてみせたのである。

（7）フェデリーチ（2017）を参照。

(8) このような近代家族の特質と日本におけるその独自性については牟田（1996）を参照。

(9) この観念は、他方で、貨幣の取得に直接的に結びつかない家事労働を非生産的労働ないし非労働とみなす観念を生み出す。本書第3章で竹信が指摘しているように、このような近代的所有に立脚した観念は、家事労働を押しつけられてきた女性たちを様々な場面で社会的に不利な立場におく効果をもたらしてきた。

(10) グレーバーは、ＢＩのラディカルなバージョンにおいては既存の社会的基礎サービスの保証は維持され、ある面では拡張されなければならないと主張する。「実際には、ある意味で、それら［英国の国民保険サービスのような既存の無条件の生活保障］は拡張されなければならない。普遍的ＢＩはレントに依拠する経済では機能しないという議論をすることができよう。というのも、例えば、大半の住宅が賃貸であるなら、家主は家賃を2倍にするだけであり、それによって追加的な所得を横取りするであろうからだ」（Graeber 2018：326）。

(11) そのようなビジョンを打ち出した著作として、日本語訳があるものとしてはメイソン（2017）や後述するネグリ＝ハートの諸著作を挙げることができる。

(12) ネグリ＝ハートの理論的発展とＢＩの位置づけの変化については斎藤（2015）を参照。

あとがき

ベーシックインカム（以下、ＢＩ）についてはすでに翻訳も含めて多くの著作が刊行されているが、その多くはＢＩ礼賛本であり、本書のようにＢＩの意義と限界を様々な角度から検討するというアプローチは少数派であろう。類書に、編者の一人（佐々木）も寄稿した萱野稔人編『ベーシックインカムは究極の社会保障か』（2012）があるが、こちらはＢＩ肯定派と否定派ないし懐疑派のあいだの論争という趣が強い。これに対し、本書では、第Ⅰ部で社会運動や政策提言の最前線に立つ論者がＢＩの現実的含意について論じ、第Ⅱ部で各国の事情に詳しい研究者が海外のＢＩ論の動向をフォローし、それらを踏まえたうえで第Ⅲ部で総括的な分析を行った。ＢＩを単に礼賛するのでも否定するのでもなく、それを正面から論じるには、背景をなす社会運動、そして財政や労働、福祉の現状を踏まえなければならないと考えたからである。編者としては、このような重層的な考察により、屋上屋を架すことなく、独自の問題提起をすることができたのではないかと自負している。読者の方々のご批判を仰ぎたい。

近年、経済の「長期停滞」と近代的デモクラシーの機能不全という閉塞状態のなかで、日本では、ＢＩに限らず、金融政策や特定の制度によって万事が解決するかのような軽薄な言説が垂れ流されている。しかし、歴史を振り返れば誰でもわかるように、そのような「ミラクル」が起こることはない。どんな政策も制度も、それが機能しうる社会的環境が必要であり、それを形成するには長期にわたる粘り強い取り組みが不可欠である。とりわけ現在のように、資本主義的生産様式という、この数百年間の人類社会を編成してきたシステムそのものが揺らぎつつある時代においては、既存のシステムを前提としたお手軽な政策論や制度論を超える視野が必要とされる。その意味で、本書の論考がＢＩ論の枠を超えて、現代の資本主義システムについての根本的再検討を促す契機となるのであれば、望外の喜びである。

最後に、お忙しいなか、時間を割いて本書のための研究会に参加し、重厚な論考を執筆してくださった寄稿者の方々、いくつかのトラブルに見舞われながらも最後まで誠実に編集作業に取り組んでくださった法律文化社の田靡純子氏に心からお礼を申し上げる。

２０１９年８月

佐々木隆治

Horitsu Bunka Sha

ベーシックインカムを問いなおす
――その現実と可能性

2019年10月20日　初版第1刷発行

編著者　佐々木隆治《ささきりゅうじ》・志賀信夫《しがのぶお》

発行者　田　靡　純　子

発行所　株式会社 法律文化社

〒603-8053
京都市北区上賀茂岩ヶ垣内町71
電話 075(791)7131　FAX 075(721)8400
http://www.hou-bun.com/

印刷：共同印刷工業㈱／製本：新生製本㈱
装幀：いのうえしんぢ

ISBN 978-4-589-04036-7

◆著者紹介（執筆順、＊は編者）①所属、②主要論文・著書

今野　晴貴（こんの　はるき）　1章

① NPO 法人 POSSE 代表

②『ブラック企業―日本を食い潰す妖怪』文藝春秋、2012年

『生活保護―知られざる恐怖の現場』筑摩書房、2013年

『ブラックバイト―学生が危ない』岩波書店、2016年

藤田　孝典（ふじた　たかのり）　2章

①聖学院大学人間福祉学部客員准教授、NPO 法人ほっとプラス代表理事

②『下流老人――億総老後崩壊の衝撃』朝日新聞出版、2015年

『続・下流老人――億総疲弊社会の到来』朝日新聞出版、2016年

『貧困世代―社会の監獄に閉じ込められた若者たち』講談社、2016年

竹信　三恵子（たけのぶ　みえこ）　3章

①ジャーナリスト、和光大学名誉教授

②『ルポ雇用劣化不況』岩波書店、2009年

『家事労働ハラスメント―生きづらさの根にあるもの』岩波書店、2013年

『企業ファースト化する日本―虚妄の働き方改革を問う』岩波書店、2019年

井手　英策（いで　えいさく）　4章

①慶應義塾大学経済学部教授

② *The Political Economy of Transnational Tax Reform: The Shoup Mission to Japan in Historical Context.* co-editor with W. E. Brownlee and Y. Fukagai, Cambridge University Press, 2013

Debt and Deficits in Industrialized Democracies. co-editor with G. Park. Routledge, 2015

Worlds of Taxation: The Political Economy of Taxing, Spending and Redistribution since 1945. co-editor with G. Huerlimann and W. E. Brownlee. Palgrave Macmillan, 2018

森　周子（もり　ちかこ）　5章・9章

①高崎経済大学地域政策学部教授

②「ドイツにおける長期失業者とワーキングプアへの生活保障制度の現状と課題―求職者基礎保障制度を中心に」『社会政策』8巻2号、2016年

「戦後ドイツ年金保険制度の展開に関する考察」『週刊社会保障』2949号、2017年

「社会手当の展開」田多英範編著『厚生（労働）白書を読む―社会問題の変遷をどう捉えたか』ミネルヴァ書房、2018年

小澤　裕香（おざわ　ゆか）　6章

①金沢大学経済学経営学系准教授

②「フランスにおける就労困難者への雇用政策―『経済的活動による参入』制度を中心に」『金沢大学経済論集』36巻1号、2015年

「フランスにおける社会扶助受給者の就労経路―総合相談体制の果たす役割」宮本悟編『フランス―経済・社会・文化の実相』中央大学出版部、2016年

「社会扶助受給者と労働市場― RSA がもたらしたもの」『社会政策』 8巻2号、2016年

小谷　英生（こたに　ひでお）　7章

①群馬大学教育学部准教授

②「道徳と〈幸福であるに値すること〉」中野裕孝・山蔦真之・浜野喬士編『哲学の体系性〔現代カント研究14〕』晃洋書房、2018年

「カントとコモンセンス」『思想』1135号、2018年

「コペルニクス的転回と原子論カントのライプニッツ受容と批判」田上孝一・本郷朝香編『原子論の可能性―近現代哲学における古代的思惟の反響』法政大学出版局、2018年

孔　栄鍾（ごん　よんじょん）　8章

①佛教大学大学院社会福祉学研究科博士後期課程

②「韓国における障害者貧困層の動向とその原因分析」『佛教大学大学院紀要』45号、2017年

「日本の介護保険制度と障害者福祉制度の制度間調整に関する考察―介護保険優先原則をめぐる問題状況と韓国への示唆」『批判社会政策』61号（共著・韓国語）、2018年

「韓国における障害者貧困層の世帯構造による貧困状態の分析―韓国福祉パネルを用いて」『関西社会福祉研究』 5号、2019年

＊志賀　信夫（しが　のぶお）　序・10章

①県立広島大学保健福祉学部専任講師

②『貧困理論の再検討―相対的貧困から社会的排除へ』法律文化社、2016年

『地方都市から子どもの貧困をなくす―市民・行政の今とこれから』（共編著）旬報社、2016年

「社会福祉と子どもの貧困―投資アプローチと well-being アプローチ」『日本教育政策学会年報』25号、2018年

＊佐々木　隆治（ささき　りゅうじ）　11章・あとがき

①立教大学経済学部准教授

②『カール・マルクス―「資本主義」と闘った社会思想家』筑摩書房、2016年

『マルクス 資本論』KADOKAWA、2018年

『増補改訂版 マルクスの物象化論―資本主義批判としての素材の思想』社会評論社、2018年

引用・参考文献

【欧文文献】

Althaus, D. and Binkert, H.（Hrsg.）（2010）*Solidarisches Bürgergeld: Den Menschen trauen*. Books on Demand.

Angstmann, R.（2018）"In der Zürcher Gemeinde Rheinau soll das Grundeinkommen getestet werden," *Neue Züricher Zeitung*（2019年7月11日取得，https://www.nzz.ch/zuerich/grundeinkommen-soll-in-zuercher-gemeinde-rheinau-getestet-werden-ld.1391466）.

Atkinson, A. B.（1995）*Incomes and the Welfare State*. Cambridge University Press.

Atkinson, A. B.（1998）*Poverty in Europe*. Blackwell Publishers.

Basquiat, M. et Koenig, G.（2014）*Liber, un revenu de liberté pour tous: Une proposition d'impôt négatif en France*. Génération libre.

BDA（2018）Bedingungsloses Grundeinkommen, *kompakt*, November 2018.

BIEN-CH（2018）"Wer sind wir ? Was wollen wir ?," BIEN-CH（HP）（2019/7/11取得，https://bien.ch/de/seite/wer-sind-wir-was-wollen-wir）.

BMAS（2016）*Weissbuch Arbeiten 4.0*. Berlin.

Butterwegge, C.（2017）"Das bedingungslose Grundeinkommen: Segen oder Sackgasse für den Sozialstaat ?," *Soziale Sicherheit*, 12/2017.

Carlo, V. and Monnier, J-M.（2013）"Le financement du revenu social garanti, revenu primaire," *Mouvements*, n° 1.

Clerc, D.（2015）"Financer le revenu de base: les dangers du Liber," *L'Economie politique*, n° 67.

CNNum（2016）*Travail, emploi, numérique: les nouvelles trajectoires*.

Damon, J.（2016）"Le revenu universel en question(s)," *RDSS*, Mai-Juin.

Dares（2015）"Plus d'un tiers des CDI sont rompus avant un an," *Dares analyse*, n° 005.

Dares（2016）*Baromètre d'opinion de la DREES* - vague 2016.

Ders.（2018）"Vorlage Nr. 601 Übersicht"（2019/7/11取得，https://www.bk.admin.ch/ch/d/pore/va/20160605/det601.html）.

Die Linke（2016）*Unser Konzept eines bedingungslosen Grundeinkommens*. Berlin.

Dourgnon, J.（2015）"La protection sociale française tend-elle vers un revenu de base," *L'Économie politique*, n° 67.

Eydoux, A.（2016）Réformer la solidarité sans renoncer à l'emploi（2019/7/11取得，http://francestrategie1727.fr/wp-content/uploads/2016/02/anne-eydoux-

contribution-ecrite-pour-france-strategie-debat-du-10-mai-2016.pdf).

Favrat, A., Lignon, V. et Reduron, V. (2015) "Les effets redistributifs de la prime d'activité et l'impact du non-recours," *Revue des politiques sociales et familiales,* n° 121.

FDP (2017) *Denken Wir Neu : Das Programm der Freien Demokraten zur Bundestagswahl 2017 : "Schauen Wir nicht länger zu."* Berlin.

Flassbeck, H., Spiecker, F., Meinardt, V. and Vesper, D. (2012) *Irrweg Grundeinkommen : Die grosse Umverteilung von unten nach oben muss beendet warden.* Westend.

Godeluck, S. (2016) "L'irrésistible ascension des autoentrepreneurs chez les travailleurs indépendants," *Les echos entrepreneurs* (2019/7/22 取得, https://www.lesechos.fr/2016/06/lirresistible-ascension-des-autoentrepreneurs-chez-les-travailleurs-independants-227400).

Gollain, F. (2015) "André Gorz, vers l'inconditionnalité de revenu," *L'Economie politique,* n° 67.

Graeber, D. (2018) *Bullshit Jobs: A Theory.* Simon&Schuster.

Häni, D. und Kovce, P. (2016) *Voting for Freedom: The 2016 Swiss Referendum on Basic Income: A Milestone in the Advancement of Democracy.* First World Development.

Hardt, M. and Negri, A. (2017) *Assembly.* Oxford University Press.

Harribey, J-M. (2016) "Le revenu d'existence: un piège néolibéral," *Économie et politique.* juillet-août.

Husson, M. (2016) "Le monde merveilleux du revenu universel," *A l'encontre* (2019/7/22 取得, http://alencontre.org/societe/le-monde-merveilleux-du-revenu-universel.html).

Hyafil, J-É. (2016a) "Du revenu de base maintenant au revenu de base souhaitable," *Multitudes,* n° 63.

Hyafil, J-É. (2016b) Un revenu inconditionnel favoriserait une meilleure intégration dans l'emploi des travailleurs précaires (2019/7/11 取得, https://www.revenudebase.info/actualites/revenu-inconditionnel-favoriserait-meilleure-integration-emploi-travailleurs-precaires/).

Krämer, R. (2016) "Bedingunsloses Grundeinkommen: Eine Alternative für Gewerkschaften ?" Gegenblende (2019/7/22 取得, https://gegenblende.dgb.de/36-2016/++co++c903ab94-20bd-11e6-8774-52540088cada).

Krins, A. (2018) "Schleswig-Holsteins Regierung erteilt BGE-Versuch in Flensburg eine Absage" (2019/7/22 取得, https://www.grundeinkommen.de/23/06/2018/schleswig-holsteins-regierung-erteilt-bge-versuch-in-flensburg-eine-absage-2.html).

Kunz, S. N. (2016) *Bedingungsloses Grundeinkommen und Soziale Marktwirtschaft.* Tectum.

Mariani, D. (2017) “Was bedeutet ein Lohn von 6000 Franken?,” Swissinfo. ch (2019/7/11 取得, https://www.swissinfo.ch/ger/wirtschaft/monatseinkommen-in-der-schweiz_was-bedeutet-ein-lohn-von-6000-franken/43408788).

Mein Grundeinkommen (2019) Mein Grundeinkommen ホームページ (2019/7/11 取得, https://www.meingrundeinkommen.de/).

Minder, R. (2016) “Guaranteed Income for All? Switzerland's Voters Say No Thanks,” The New York Times (2019/7/22 取得, https://www.nytimes.com/2016/06/06/world/europe/switzerland-swiss-vote-basic-income.html).

Müller, C. und Straub, D. (2012) *Die Befreiung der Schweiz: Über das bedingungslose Grundeinkommen.* Limmat.

Mylondo, B. (2010) *Une revenu pour tous! Precis d'utopie realiste.* Editions Utopia.

Mylondo, B. (2012) *Pour un revenu sans condition: Garantir l'accès aux biens et services essentiels.* Editions Utopia.

Mylondo, B. (2015) Qui n'a droit a rien? En défense de l'inconditionnalité, réponse à ATTAC (2019/7/11 取得, https://blogs.alternatives-economiques.fr/sites/default/files/migrated/blogs.dir/145/files/qui-na-droit-a-rien-reponse-aux-objections-dattac.pdf).

Netzwerk Grundeinkommen (2018) “Schleswig-Holsteins Regierung erteilt BGE-Versuch in Flensburg eine Absage” (2019/7/11 取得, https://www.grundeinkommen.de/23/06/2018/schleswig-holsteins-regierung-erteilt-bge-versuch-in-flensburg-eine-absage-2.html).

O'Neill, M. and Guinan, J. (2018) “The Institutional Turn: Labour's new political economy,” *Renewal: a journal of social democracy*, 26(2).

Offe, C. (2003) “Pathways from here,” Parijs, P. V., *What's Wrong with a Free Lunch?* Beacon Press.

ONPES (2014-2015) “Les budjets de référence: une méthode d'évaluation des besoins pour une participation effective à la vie sociale,” *La Lettre*, n° 1 Mai.

Ramaux, C. (1997) “La pleine activité contre le chômage: les chemins de l'enfer peuvent souvent être pavés de bonnes intentions,” *Pour un nouveau plein employ.* Syros.

Rawls, J. (1999) *A Theory of Justice, revised edition.* Harvard University Press. (=川本隆史・福間聡・神島裕子訳 (2010)『正義論〔改訂版〕』紀伊国屋書店)

Schweizericher Bundesrat (2015) “Bundesversammelung, Bundesbeschluss über die Volksinitiative »Für ein bedingungslose Grundeinkommen” (2019/7/11 取得, https://www.admin.ch/opc/de/federal-gazette/2015/9553.pdf).

Schweizerischer Bundesrat (2016) "Volksabstimmung vom 05. 06. 2016" (2019/7/11 取得, https://www.bk.admin.ch/ch/d/pore/va/20160605/index.html).

Schweizerische Eidgenossenschaft (2016) "Volksabstimmung vom 5. Juni 2016 Erläuterungen des Bundesrates" (2019/7/11 取得, https://www.admin.ch/gov/de/start/dokumentation/abstimmungen/20160605.html).

Sen, A. K. (1992) *Inequality Reexamined*. Oxford University Press. (＝池本幸生・野上裕生・佐藤仁訳 (1999)『不平等の再検討』岩波書店)

Sen, A. K. (2009) *The Idea of Justice*. Penguin Books. (＝池本幸生訳 (2011)『正義のアイデア』明石書店)

Sénat (2016a) *Proposition de résolution présentée en application de l'article 34-1 de la constitution, pour l'instauration d'un revenu de base*, n° 353.

Sénat (2016b) "Le revenu de base: de l'utopie à l'expérimentation," *Rapport d'information de M. Daniel percheron, fait au nom de la mission d'information*, n° 35.

Sirugue, C. (2016) *Repenser les minimas sociaux: Vers une couverture socle commune*. La Documentation Française.

Spiegel Online (2017) "Nahles will jedem 20000 Euro geben" (2019/7/11 取得, http://www.spiegel.de/wirtschaft/soziales/erwerbstaetigenkonto-andrea-nahles-will-jedem-20-000-euro-geben-a-1151987.html).

SPLENDID RESEARCH (2017) "Mehr als die Hälfte für Bedingungsloses Grundeinkommen" (2019/7/11 取得, https://www.splendid-research.com/de/ueber-uns/presse/item/studie-mehrheit-bedingungsloses-grundeinkommen.html).

Stiegler, B. (2015) *L'emploi est mort, vive le travail*. Fayard/Mille et une nuits.

Straubhaar, T. (2017) *RADIKAL GERECHT: Wie das Bedingungslose Grundeinkommen den Sozialstaat revolutioniert*. Körber.

Taylor, A. (2013) "Why A Swiss Proposal To Give Every Citizen $2,800 Each Month Is So Radical," Business Insider (2019/7/11 取得, https://www.businessinsider.com.au/behind-the-swiss-unconditional-income-iniative-2013-10).

WELT (2016) „Wir haben ja schon ein Grundeinkommen" (2019/7/11 取得, https://www.welt.de/politik/deutschland/article159856782/Wir-haben-ja-schon-ein-Grundeinkommen.html).

Werner, G. (2018) *Einkommen für alle. Bedingungsloses Grundeinkommen-die Zeit ist reif. Überarbeitete, aktualisierte und erweiterte Neuausgabe*. KiWi-Paperback.

【日本語文献】

ACW2（2009）「ACW2 ニュース」No. 6。

Swissinfo. ch (2018)「スイス，貧困対策事業費を大幅減額へ―国内の貧困層 61 万人」（2019/7/11 取得，https://www.swissinfo.ch/jpn）。

青木紀（2010）『現代日本の貧困観―「見えない貧困」を可視化する』明石書店。

浅倉むつ子（2004）『労働法とジェンダー』勁草書房。

東浩紀（2012）「情報公開型のベーシックインカムで誰もがチェックできる生存保障を」萱野稔人編『ベーシックインカムは究極の社会保障か』堀之内出版。

アドルノ，テオドール／河原理ほか訳（2001）『社会学講義』作品社。

井手英策（2018）『幸福の増税論―財政はだれのために』岩波書店。

井手英策・今野晴貴・藤田孝典（2018）『未来の再建―暮らし・仕事・社会保障のグランドデザイン』筑摩書房。

井上智洋（2016）『人工知能と経済の未来―2030 年雇用大崩壊』文藝春秋。

岩佐卓也（2015）『現代ドイツの労働協約』法律文化社。

岩田正美（2007）『現代の貧困―ワーキングプア／ホームレス／生活保護』筑摩書房。

ウェッブ，シドニー／ウェッブ，ベアトリス／高野岩三郎監訳（1975）『産業民主制論〔復刻版第 2 版〕』法政大学出版局。

江原由美子（1988）『フェミニズムと権力作用』勁草書房。

遠藤公嗣（2005）『賃金の決め方―賃金形態と労働研究』ミネルヴァ書房。

小沢修司（2002）『福祉社会と社会保障改革―ベーシック・インカム構想の新地平』高菅出版。

小沢修司（2008）「日本におけるベーシック・インカムに至る道」武川正吾編著『シティズンシップとベーシック・インカムの可能性』法律文化社。

小沢修司（2010）「ベーシック・インカムと社会サービス構想の新地平」『現代思想』38 巻 8 号。

小沢修司（2012）「ベーシック・インカム論議を発展させるために」『経済理論』49 巻 2 号。

堅田香緒里（2009）「ベーシック・インカムとフェミニスト・シチズンシップ―脱商品化・脱家族化の観点から」『社会福祉学』50 巻 3 号。

堅田香緒里（2010）「ベーシックインカムとフェミニズム―口止め料か解放料か」『社会政策』2 巻 2 号。

金子充（2017）『入門貧困論―ささえあう／たすけあう社会をつくるために』明石書店。

加納実紀代（1986）「交換価値から使用価値へ」社会主義理論フォーラム編『挑戦するフェミニズム』社会評論社。

唐鎌直義（2016）「増え続ける貧困高齢者―その原因とメカニズム」稲葉剛ほか『ここまで進んだ！格差と貧困』新日本出版社。

木下武男（1999）『日本人の賃金』PHP 研究所。

木下武男（2016）「同一労働同一賃金を実現するジョブ型世界」『POSSE』31号。

木下秀雄（2012）「最低生活保障と生活保護基準」日本社会保障法学会編『ナショナルミニマムの再構築』法律文化社。

金成垣（2017）「韓国におけるベーシックインカム論に関する試論的考察」『週刊社会保障』2950号。

キムリッカ，ウィル（2005）『新版 現代政治理論』日本経済評論社。

桐田史恵（2011）「暮らし方・生き方モデルを示す制度にNo!―私が私の暮らしを生きる権利を阻害させないためのベーシックインカム」堅田香緒里ほか編著『ベーシックインカムとジェンダー―生きづらさからの解放に向けて』現代書館。

熊沢誠（1997）『能力主義と企業社会』岩波書店。

クライン，ナオミ（2019）『楽園をめぐる闘い―災害資本主義者に立ち向かうプエルトリコ』堀之内出版。

クライン，ナオミ（2011）『ショック・ドクトリン―惨事便乗型資本主義の正体を暴く』岩波書店。

グレーバー，デヴィッド／酒井隆史監訳（2016）『負債論―貨幣と暴力の5000年』以文社。

クロフォード，ジュリア／江藤真理訳（2017）「物乞いをすることは人権か？」Swissinfo. ch（2019/7/11取得，https://www.swissinfo.ch/jpn）。

厚生労働省（2016）「平成26年雇用の構造に関する実態調査（就業形態の多様化に関する総合実態調査）」。

後藤道夫（2011）『ワーキングプア原論―大転換と若者』旬報社。

後藤道夫（2017）「「相対的貧困率」の改善と貧困の拡大・深化―子育て世帯を中心に」『POSSE』36号。

後藤道夫ほか編（2018）『最低賃金1500円がつくる仕事と暮らし―「雇用崩壊」を乗り越える』大月書店。

小林美希（2018）『ルポ 中年フリーター―「働けない働き盛り」の貧困』NHK出版。

小山進次郎（1975）『改訂増補 生活保護法の解釈と運用』中央社会福祉協議会。

今野晴貴（2012）『ブラック企業―日本を食い潰す妖怪』文藝春秋。

今野晴貴（2015）『ブラック企業2―「虐待型管理」の真相』文藝春秋。

今野晴貴（2016）『求人詐欺』幻冬舎。

今野晴貴（2018）「正社員労働の変容と最低賃金―『働き方改革』と関連して」後藤道夫ほか編『最低賃金1500円がつくる仕事と暮らし―「雇用崩壊」を乗り越える』大月書店。

今野晴貴・藤田孝典編（2019）『闘わなければ社会は壊れる―〈対決と創造〉の労働・福祉論』岩波書店。

斎藤幸平（2015）「ネグリ＝ハート―マルチチュードとマルクスの『物象化』論」市野川容孝・渋谷望編『労働と思想』堀之内出版。

佐々木隆治（2016）「新自由主義をいかに批判すべきか―フーコーの統治性論をめぐって」平子友長ほか編『危機に対峙する思考』梓出版社。

佐々木隆治（2018）『〔増補改訂版〕マルクスの物象化論―資本主義批判としての素材の思想』社会評論社。

里信邦子＆６カ国語のセクションの協力（2016）「2016年６月５日の国民投票，プレスレビュー世界が注目したベーシック・インカム導入案は否決，スイス国内と海外の反応」Swissinfo. ch（2019/7/11取得，https://www.swissinfo.ch/jpn）。

志賀信夫（2016）『貧困理論の再検討―相対的貧困から社会的排除へ』法律文化社。

周燕飛（2012）「専業主婦世帯の収入二極化と貧困問題」労働政策研究研修機構ディスカッションペーパー，2012年８月。

住宅政策提案・検討委員会（2014）『若者の住宅問題』ビッグイシュー基金。

スタンディング，ガイ／池村千秋訳（2018）『ベーシックインカムへの道―正義・自由・安全の社会インフラを実現させるには』プレジデント社。

高田実（2012）「ゆりかごから墓場まで―イギリスの福祉社会一八七〇～一九四二」高田実・中野智世編著『近代ヨーロッパ探求⑮―福祉』ミネルヴァ書房。

竹信三恵子（2012）「なぜ働き方を問わないのか」萱野稔人編『ベーシックインカムは究極の社会保障か―「競争」と「平等」のセーフティネット』堀之内出版。

田多英範（2018）「ベーシック・インカムは実現可能な政策案なのか」『週刊社会保障』2969号。

立岩真也（2009）「『目指すは最低限度』じゃないでしょう？」立岩真也ほか『生存権―いまを生きるあなたに』同成社。

永合位行（2013）「ドイツにおけるベーシック・インカム論の展開」『国民経済雑誌』207巻３号。

根本到（2009）「ドイツにおける最低賃金規制の内容と議論状況」『日本労働研究雑誌』51巻12号。

ノージック，ロバート／島津格訳（1995）『アナーキー・国家・ユートピア―国家の正当性とその限界』木鐸社。

野村史子（2011）「社会活動と食っていくことのはざまで」堅田香緒里ほか編著『ベーシックインカムとジェンダー―生きづらさからの解放に向けて』現代書館。

濱口桂一郎（2009）『新しい労働社会―雇用システムの再構築へ』岩波書店。

パリース，フィリップ・ヴァン／後藤玲子・齊藤拓訳（2009）『ベーシック・インカムの哲学―すべての人にリアルな自由を』勁草書房。

尾藤廣喜・小久保哲郎・吉永純編，生活保護問題対策全国会議監（2011）『生活保護「改革」ここが焦点だ！』あけび書房。

フィッツパトリック，トニー／武川正吾・菊地英明訳（2005）『自由と保障―ベーシック・インカム論争』勁草書房。

フェデリーチ，シルヴィア／小田原琳・後藤あゆみ訳（2017）『キャリバンと魔女

―資本主義に抗する女性の身体』以文社。

福間聡（2014）『いま読む！名著「格差の時代」の労働論―ジョン・ロールズ『正義論』を読み直す』現代書館。

フレイザー，ナンシー／仲正昌樹監訳（2003）『中断された正義―「ポスト社会主義的」条件をめぐる批判的省察』御茶の水書房。

フレイザー，ナンシー／向山恭一訳（2013）『正義の秤―グローバル化する世界で政治空間を再想像すること』法政大学出版局。

ブロナー，スティーヴン・エリック／小田透訳（2018）『フランクフルト学派と批判理論』白水社。

ペイン，トマス／四野宮三郎訳（1982）「土地配分の正義」『近代土地改革思想の源流』御茶の水書房。

ポランニー，カール／若森みどりほか編訳（2012）『市場社会と人間の自由』大月書店。

堀江貴文（2009）「堀江貴文のQ&A『ベーシックインカムを導入⁉』」（2019/7/22取得，http://webfood.info/horiemon-basic-income/）。

本田由紀・伊藤公雄編著（2017）『国家がなぜ家庭に干渉するのか』青弓社。

前田健太郎（2014）『市民を雇わない国家』東京大学出版会。

宮本太郎（2004）「ワークフェア改革とその対案―新しい連携へ？」『海外社会保障研究』147号。

宮本太郎（2008）「座談会補論―ベーシック・インカム資本主義の3つの世界」武川正吾編著『シティズンシップとベーシック・インカムの可能性』法律文化社。

牟田和恵（1996）『戦略としての家族』新曜社。

メイソン，ポール／佐々とも訳（2017）『ポストキャピタリズム』東洋経済新報社。

森周子（2009）「ドイツにおける高齢者生活保障と社会的市場経済―2000年代における政策展開の思想的背景の分析」『経済社会学会年報』31巻。

ヤベルク，サミュエル／由比かおり訳（2013）「日帰り移民 越境労働者―論議を呼ぶスイスの現状」Swissinfo. ch（2019/7/11取得，https://www.swissinfo.ch/jpn）。

ヤベルク，サミュエル／江藤真理編訳（2018）「グラン・ジュネーブの越境労働者問題―私たちフランス在住スイス人は『二流市民』と見なされている」Swissinfo. ch（2019/7/11取得，https://www.swissinfo.ch/jpn）。

山崎元（2016）「ベーシックインカムを導入すべき6つの理由」（2019/7/22取得，http://www.nihonkosoforum.org/img/npyamazaki3.pdf）。

山崎元（2017）「日本型ベーシックインカム」をもう一歩進める一案（https://diamond.jp/articles/-/116205）。

山本陽大（2017）「第四次産業革命による働き方の変化と労働法政策上の課題―ドイツにおける“労働4.0”ホワイト・ペーパーが提起するもの」『Business Labor Trend』2017年8月号。

山森亮（2009）『ベーシック・インカム入門―無条件給付の基本所得を考える』光

文社。

山森亮編（2012）『労働と生存権』大月書店。

湯浅誠（2006）「格差ではなく貧困の議論を（上）（下）」『賃金と社会保障』1428-1429号。

ロック，ジョン／加藤節訳（2010）『完訳 統治二論』岩波書店。


【韓国語文献】

OECD（2013）『Strengthening Social Cohesion in Korea』OECD Publishing.

イ・ゴンミン（2016）「青年手当と青年配当，参与所得と基本所得，そして社会的，生態的転換」（緑色転換研究所・基本所得青少年ネットワーク「青年配当と青年手当，元気ですか？」討論会発表資料）。

イ・ジョンヒョン（2016）「パクウォンスン，生涯周期ごとに手当を支給する『韓国型基本所得』提案」連合ニュース（2018/12/21取得，https://www.yna.co.kr/view/AKR20161221029700001）。

イム・ユジン／ユ・ヌンハン（2018）「韓国労働市場の構造変化と基本所得の導入のための探索的研究」『Studies in Humanities and Social Sciences』59巻。

オ・ジュンホ（2017）『基本所得が世の中を変える』ゲマゴウォン。

オム・ジウォン（2018）「シムサンジョン，相続・贈与税で20歳青年に1000万ウォンを配当しよう」ハンギョレ（2018/12/11取得，http://www.hani.co.kr/arti/PRINT/836016.html）。

韓国労働研究院（2016）『2016 KLI非正規職労働統計』。

キム・ギョソン／ベク・スンホ／ソ・ジョンヒ／イ・スンユン（2017）「基本所得の理想的模型と移行経路」『韓国社会福祉学』69巻3号。

キム・テファン（2016）「地方自治団体の福祉財政執行に関する考察―ソウル市青年手当の葛藤を中心に」韓国社会福祉政策学会（2016社会政策連合共同学術大会資料集）。

キム・ユソン（2017）「非正規職の規模と実態―統計庁『経済活動人口調査付加調査』（2017.8）結果」『韓国労働社会研究所』14号。

キム・ユンヨン（2016）「基礎生活保障制度の改定1年の評価と課題」『月刊福祉動向』216号。

シン・ジェウ（2019）「普遍的児童手当，今日初支給……満6歳未満231万人受給」連合ニュース（2019/4/25取得，https://www.yna.co.kr/view/AKR20190425056300017）。

ソク・ジェウン（2018）「基本所得に関する多様な提案の評価と過渡期的基本所得の提案―青壮年勤労市民基本所得利用券」『保健社会研究』38巻2号。

ソン・イルム（2016）「城南市青年配当の対象者モニタリング調査結果」（緑色転換研究所・基本所得青少年ネットワーク「青年たち，青年配当に答える！」城南市青年配当認識調査の結果発表と争点討論発表資料）。

ソン・チェギョンファ（2017）「今回大選の最大イシューは基本所得」『ハンギョレ21』1145号（2018/12/11取得，http://h21.hani.co.kr/arti/special/special_general/42964.html）。

パク・ジョンフン（2015）「崖っぷちに立たされた青年，なぜ『崩壊』を選択したのか」KBSNEWS（2019/1/5取得，http://news.kbs.co.kr/news/view.do?ncd=3019222）。

ボク・コイル／キム・ウテク／イ・ヨンファン／パク・ギソン／ビョン・ヤンギュ（2017）『基本所得論難の二つの顔』韓国経済新聞。

ヤン・ジェジン（2017）「基本所得に対する批判的考察」（ファウ公益財団第3回公益セミナー「基本所得の導入可能性と限界に関する争点討論」発表資料）。

ユン・ホンシク（2017）「基本所得，福祉国家の代案になれるのか？—基礎年金，社会手当，そして基本所得」『批判社会政策』54号。